Coaching und Narzissmus

Die Zugangsinformationen zum eBook inside finden Sie am Ende des Buchs.

Christof Schneck

Coaching und Narzissmus

Psychologische Grundlagen und Praxishinweise für Management-Coaches und Berater

Mit 15 Abbildungen

 Springer

Christof Schneck
Management Coaching und Consulting
München
Deutschland

ISBN 978-3-662-53945-3   ISBN 978-3-662-53946-0   (eBook)
DOI 10.1007/978-3-662-53946-0

Die Deutsche Nationalbibliothek verzeichnet diese Publikation in der Deutschen Nationalbibliografie; detaillierte bibliografische Daten sind im Internet über http://dnb.d-nb.de abrufbar.

© Springer-Verlag GmbH Deutschland 2018
Das Werk einschließlich aller seiner Teile ist urheberrechtlich geschützt. Jede Verwertung, die nicht ausdrücklich vom Urheberrechtsgesetz zugelassen ist, bedarf der vorherigen Zustimmung des Verlags. Das gilt insbesondere für Vervielfältigungen, Bearbeitungen, Übersetzungen, Mikroverfilmungen und die Einspeicherung und Verarbeitung in elektronischen Systemen.
Die Wiedergabe von Gebrauchsnamen, Handelsnamen, Warenbezeichnungen usw. in diesem Werk berechtigt auch ohne besondere Kennzeichnung nicht zu der Annahme, dass solche Namen im Sinne der Warenzeichen- und Markenschutz-Gesetzgebung als frei zu betrachten wären und daher von jedermann benutzt werden dürften.
Der Verlag, die Autoren und die Herausgeber gehen davon aus, dass die Angaben und Informationen in diesem Werk zum Zeitpunkt der Veröffentlichung vollständig und korrekt sind. Weder der Verlag, noch die Autoren oder die Herausgeber übernehmen, ausdrücklich oder implizit, Gewähr für den Inhalt des Werkes, etwaige Fehler oder Äußerungen. Der Verlag bleibt im Hinblick auf geografische Zuordnungen und Gebietsbezeichnungen in veröffentlichten Karten und Institutionsadressen neutral.

Gedruckt auf säurefreiem und chlorfrei gebleichtem Papier

Springer ist Teil von Springer Nature
Die eingetragene Gesellschaft ist Springer-Verlag GmbH Deutschland
Die Anschrift der Gesellschaft ist: Heidelberger Platz 3, 14197 Berlin, Germany

Vorwort

Seit Mitte der 1990er-Jahre beschäftige ich mich mit Narzissmus und speziell mit narzisstischen Phänomenen im Management. In den letzten Jahren bot sich mir die Möglichkeit, mich noch einmal intensiv auch auf wissenschaftlicher Ebene mit narzisstischen Phänomenen im Management und deren professionelle Berücksichtigung im Management-Coaching auseinanderzusetzen. Leider findet dieses Thema und die dahinterliegende wirtschaftliche und gesellschaftliche Problematik immer noch viel zu wenig Beachtung und dementsprechend auch zu wenig Berücksichtigung im Management-Coaching. Dies verwundert umso mehr, als jüngste Entwicklungen in Wirtschaft und Gesellschaft eher auf eine Verstärkung dieser narzisstischen Phänomene und ihrer oft katastrophalen Auswirkungen hinweisen.

Von daher haben auch die Geleitworte von Prof. Dr. Dr. h.c. emer. Lutz v. Rosenstiel (†), die er meiner wissenschaftlichen Arbeit im Jahr 2011 mit auf den Weg gab, immer noch Gültigkeit:

> Als Personal- und Unternehmensberater kennt er [der Autor des vorliegenden Buches] Manager als Personen und das Management als System in vielen Unternehmen und weiß daher, welche Bedeutung dort dem Narzissmus zukommt. Es gelingt ihm, eine Verbindung zwischen diesen auf den ersten Blick so entfernt von einander liegenden Feldern herzustellen und Ursachen, Erscheinungsformen und Folgen des Narzissmus in der Wirtschaft anschaulich zu schildern. So erfährt man, dass das Konzept keineswegs auf das Individuum beschränkt ist, sondern sich auch in der Begegnung zweier Personen, einer Person mit einer Gruppe, in der Organisation und in der Gesellschaft insgesamt zeigt. Darüber hinaus macht der Autor die Ambivalenz des Narzissmus deutlich. Er hat keineswegs nur negative sondern gelegentlich auch begrüßenswerte Auswirkungen. So wird der Leser dieses Buches viele Prozesse in Wirtschaft und Gesellschaft nach der Lektüre mit anderen Augen sehen. Wer aber professionell als Berater, Moderator, Mediater, Coach etc. täglich mit und für Führungskräfte arbeitet, wird sein berufliches Handwerkszeug erweitern und lernen, dass in der spezifischen Form des Coachings, die der Autor entwickelt hat und kundig darstellt, eine Methode besteht, sich mit dem Narzissmus im Management hilfreich auseinanderzusetzen.
> So hoffe ich, dass dieses Buch dazu beiträgt, dem Narzissmus die Qualität eines Tabuthemas zu nehmen und dass es viele Leser findet. Es könnte Nutzen bei Beratern, bei Führungskräften und so in der Wirtschaft und Gesellschaft insgesamt stiften (Schneck 2012, S. X; Anm. d. Autors).

Ich gehe mit meinen Hoffnungen und Forderungen noch weiter. Meiner Ansicht nach sollte ein Management-Coaching, das auch Narzissmus und narzisstische Phänomene im Management berücksichtigt, selbstverständlicher Bestandteil einer guten Corporate Governance und Standard für jeden verantwortlichen und auf Nachhaltigkeit bedachten Manager werden.

Bedanken möchte ich mich bei den Begleitern meiner wissenschaftlichen Arbeiten Prof. Dr. W. Merten und Prof. Dr. Dr. h.c. L. v. Rosenstiel, meinen Interview- und Diskussionspartnern bei der Entwicklung meines Coaching Ansatzes Mathias Lohmer, Wolfgang Looss, Klaus

Eidneschink und Christopher Rauen, meinen Therapeuten und Supervisoren bei der Reflektion meiner eigenen narzisstischen Anteilen und dem Springer Verlag für die Bereitschaft dieses Thema zu publizieren, insbesondere Joachim Coch (Planung), Judith Danziger (Projektmanagement) und Christine Bier (Lektorat).

Dr. Christof Schneck
München, im Januar 2017

Der Autor

Dr. phil. Christof Schneck, Dipl. Kfm., Senior Coach (DBVC), Gestalttherapeut (DVG). Studium der Betriebswirtschaft in Hamburg und Münster mit den Schwerpunkten Marketing, Organisation und Organisationspsychologie. Ausbildung in Gestaltberatung und Gestalttherapie (IGW/DVG), Gestalt Organisationsberatung (IGOR/E. Nevis, C. Lukensmeyer), Fortbildungen in Psychodrama, Körpertherapie, Gruppendynamik, systemischer Strukturaufstellung, Organisationsentwicklung sowie psychodynamischer Organisationsberatung und Coaching (IPOM). Promotionsstudium an der LMU München am Lehrstuhl für klinische Psychologie–Psychoanalyse (Prof. Mertens) und am Lehrstuhl für Organisationspsychologie (Prof. emer. L. v. Rosenstiel†) über „Narzisstische Phänomene und Management – Coaching als Initial einer erfolgreichen Unternehmensevolution". Berufliche Stationen als Personalreferent, Assistent der Geschäftsführung und über 13 Jahre als Allein- Geschäftsführer einer GmbH mit über 200 Mitarbeitern und hohem volkswirtschaftlichen Nutzen. Über 15 Jahre Erfahrung als Management-Coach, Berater und Organisationsentwickler.

www.coaching-schneck.de

Inhaltsverzeichnis

1	**Was ist unter Management-Coaching zu verstehen?**	1
1.1	Zum Begriff „Management"	2
1.2	Zum Begriff „Coaching"	3
1.3	Zum Begriff „Management-Coaching"	5
1.3.1	Grundmodell eines Management-Coachings	6
1.3.2	Management-Coaching als funktions- und persönlichkeitsorientiertes Coaching	7
1.4	Theoretische Hintergründe für ein Management-Coaching	7
1.5	Auftraggeber, Anlässe und Ziele von Management-Coaching	8
1.6	Zusammenfassung	9
2	**Was bedeutet und beinhaltet der Begriff „Narzissmus"?**	11
2.1	Historische Wurzeln des Begriffs Narzissmus	12
2.2	Zur Phänomenologie – Was macht einen Narzissten aus?	14
2.2.1	Das Verhalten	15
2.2.2	Die Gefühle	15
2.2.3	Die Gestaltung von Beziehungen	16
2.2.4	Charakterhaltungen	21
2.3	Unterscheidung zwischen einem gesunden und einem pathologischen Narzissmus	21
2.4	Entwicklungstheorien des Narzissmus	24
2.5	Behandlung einer narzisstisch gestörten Persönlichkeit	25
2.6	Narzissmus als gesellschaftliches Phänomen	29
2.7	Zusammenfassung	32
3	**Welche narzisstischen Phänomene im Umfeld von Management gilt es zu beachten?**	33
3.1	Narzissmus und narzisstische Verhaltensweisen im Management – ein Spektrum	34
3.1.1	Die Arbeiten von Kets de Vries	35
3.1.2	Die Arbeiten von Maccoby	37
3.1.3	Die Arbeiten von Rosenthal	39
3.1.4	Die Arbeiten von Babiak und Hare – Psychopathen im Management	40
3.1.5	Narzissmus und die Big Five	41
3.2	Interpersonelle und interaktionelle Aspekte narzisstischer Phänomene in Organisationen	43
3.2.1	Narzissmus und Führung	43
3.2.2	Narzissmus und regressive Prozesse in Arbeitsgruppen	45
3.3	Narzisstische Verhaltensweisen von Organisationen	47
3.3.1	Zusammenhang zwischen oberster Unternehmensleitung, Kultur, Strategie und Struktur einer Unternehmung	47
3.3.2	Das „narzisstisch infizierte Unternehmen"	51
3.3.3	„Corporate Narcissism"	52
3.3.4	Die „psychopathische Organisation"	53
3.4	Gesellschaftliche Rahmenbedingungen wirtschaftlichen Handelns	55
3.5	Zusammenfassung	56

4	**Management-Coaching unter besonderer Berücksichtigung narzisstischer Phänomene**	59
4.1	**Theoretische Hintergründe für ein Management-Coaching...**	62
4.1.1	Psychoanalyse und Psychodynamik	62
4.1.2	Die Betriebswirtschafts- und Managementlehre als Hintergrund	66
4.1.3	Die Verbindung von Prozess- und Fachberatung als Hintergrund	69
4.1.4	Die Humanistische Psychologie als Hintergrund	71
4.1.5	Eine systemisch-konstruktivistische Perspektive als Hintergrund	72
4.1.6	Weitere theoretische Hintergründe	74
4.2	**Anlässe, Formen und Arten für ein Management-Coaching...**	74
4.3	**Der Prozess eines Management-Coachings...**	78
4.3.1	Einige theoretische Grundüberlegungen zum Prozess	78
4.3.2	Worauf bei den Prozessschritten eines Management-Coachings.. zu achten ist	83
4.4	**Zur Qualität und Qualifikation im Management-Coaching...**	98
4.5	**Zusammenfassung**	100

Serviceteil ... 101

Weiterführende Literatur ... 102

Literatur ... 103

Stichwortverzeichnis ... 107

Was ist unter Management-Coaching zu verstehen?

1.1 Zum Begriff „Management" – 2

1.2 Zum Begriff „Coaching" – 3

1.3 Zum Begriff „Management-Coaching" – 5
1.3.1 Grundmodell eines Management-Coachings – 6
1.3.2 Management-Coaching als funktions- und persönlichkeitsorientiertes Coaching – 7

1.4 Theoretische Hintergründe für ein Management-Coaching – 7

1.5 Auftraggeber, Anlässe und Ziele von Management-Coaching – 8

1.6 Zusammenfassung – 9

© Springer-Verlag GmbH Deutschland 2018
C. Schneck, *Coaching und Narzissmus*,
DOI 10.1007/978-3-662-53946-0_1

Um den Begriff Management-Coaching inhaltlich zu füllen, wird zunächst der für dieses Buch zentrale Begriff „Management" definiert. Danach wird anhand einiger Grundaussagen zur Profession des Coaches vom Round Table der Coaching Verbände aus dem Jahr 2015 ein Einblick darin gegeben, was gegenwärtig unter Coaching in Deutschland verstanden wird. Aufbauend auf diesen beiden Begriffsklärung wird das diesem Buch zugrunde liegende Verständnis von Management-Coaching dargelegt.

1.1 Zum Begriff „Management"

Der Begriff „Management" gehört zu den verbreitetsten Begriffen in der betriebswirtschaftlichen Theorie und Praxis. Der Begriff wird aber auch in der Psychologie, Sozialpsychologie, Soziologie und Politologie verwendet. Der häufige Gebrauch des Begriffs korreliert jedoch nicht mit der Genauigkeit in der Begriffsdefinition.

Etymologische Deutungen des englischen Verbs „to manage" (handhaben, bewerkstelligen, deichseln, leiten, führen), das wiederum auf das italienische „maneggiare" (handhaben, bewerkstelligen) zurückgeht, sind durchaus kontrovers. Stammwort ist das lateinische „manus" (die Hand). Als mögliche etymologische Wurzeln kommen infrage das lateinische „manu agere" (mit der Hand arbeiten) oder „manus agere" (an der Hand führen) oder „mansionem agere" (das Haus [für den Eigentümer] bestellen; Staehle 1999, S. 71; Anm. d. Autors).

In der betriebswirtschaftlichen Literatur findet man häufig drei verschiedene Fokusse, unter denen der Begriff „Management" betrachtet wird: *Management als Institution, Management als Funktion* sowie *Management als Lehre und Methode*.

Erich Gutenberg versteht unter *Management als Institution* denjenigen Personenkreis, der in einem Unternehmen Leitungsaufgaben wahrnimmt und die Interessen der Kapitaleigner auch gegenüber den Arbeitnehmern vertritt (leitende Angestellte) und das Personal führt (Gutenberg 1962, S. 8). Die Betrachtung des *Managements als Institution* ist traditionell auf den deutschsprachigen Raum begrenzt. Person und Position des Managers stehen dabei im Vordergrund („managerial roles approach"). Der Kreis der Betroffenen bleibt meist auf den oberen und obersten Führungskreis – das Management – beschränkt. Bei einer Erweiterung der Begriffe Management bzw. Manager findet man eine klassische Dreiteilung in oberes, mittleres und unteres Management.

Beim Ansatz des *Managements als Funktion* stehen nicht mehr die Manager als Personengruppe, sondern vielmehr deren Handlungen im Vordergrund, die der Gestaltung und Steuerung des Leistungsprozesses dienen („managerial functions approach"). Diese umfasst sämtliche Tätigkeiten in allen Bereichen zur Steuerung des Unternehmens und beinhaltet auch die Führungsaufgabe.

Management als Lehre und Methode untersucht alle Vorgänge, die mit der Führung von Organisationen zusammenhängen. Sie stellt eine Erweiterung der Betriebswirtschaftslehre zu einer Wissenschaft der Unternehmensführung dar. Als Managementlehre entwickelt sie sich zu einer eigenständigen Realwissenschaft, die in unterschiedlichem Umfang auf Erkenntnisse z. B. aus der Ökonomie, Rechtswissenschaft, Informatik, Soziologie, Psychologie, Kybernetik, Systemtheorie etc. zurückgreift. Sie ist damit eine Lehre von der Gestaltung, Lenkung und Entwicklung zweckorientierter sozialer Systeme.

Aufgrund der Erkenntnis, dass gegenwärtige Managementprobleme nicht mehr mit einer rationalen Organisationsgestaltung beherrschbar sind, entwickelten sich neue Managementkonzepte, die unter dem Begriff „evolutionäres Management" subsumiert werden. Zentrales Element dieser Managementkonzepte ist, dass keine klaren Ziele und Strukturen seitens des Managements vorgegeben werden sollen. Vielmehr sollen Rahmenbedingen für eine Selbstorganisation der Organisation geschaffen werden, die wiederum zu einer selbstständigen Entwicklung der Organisation und ihrer Mitarbeiter führt. Die Aufgabe des Managements besteht darin, einerseits die Komplexität aufrecht zu erhalten, die für das Funktionieren dieser Selbstorganisation und Interaktion notwendig ist und andererseits die geeigneten Rahmenbedingungen für eine derartige Selbstorganisation zu schaffen. Zu den wichtigsten Ansätzen des evolutionären Managements gehören der St. Galler Ansatz (Vertreter sind Ulrich, Malik, Probst, Rüegg-Stürm) und der Münchner Ansatz (Vertreter ist Kirsch).

Für das hier vorliegende Buch soll unter dem Begriff „Management" die Leitungsgruppe einer Organisation verstanden werden, die aufgrund ihrer Position und der damit verbundenen Verantwortung besondere Managementfunktionen ausfüllen muss und sich dabei besonderer Methoden und Konzepte bedient. Wenn nachfolgend von Organisationen gesprochen wird, dann sind darunter Wirtschaftsunternehmen, Not-for-Profit-Organisationen (NPO) und öffentliche Verwaltungen subsummiert. Sie alle müssen gestaltet, gelenkt, gesteuert und weiterentwickelt, letztlich, gemanagt werden. Zentrale Funktionen bzw. Aufgaben des Managements sind – in enger Anlehnung an H. Ulrich (1984) – die Gestaltung, Lenkung und Weiterentwicklung der Unternehmung. Die Führung von Mitarbeitern und Mitarbeitergruppen ist eine zentrale Managementaufgabe, bei weitem aber nicht die einzige. Denn an dieser Stelle sei auf einen häufig anzutreffenden definitorischen Fehler hingewiesen. Management und Führung werden vielfach gleichgesetzt bzw. es wird unterstellt, dass der Manager immer auch Führungskraft ist. Dem ist nicht so: Management, zumindest im deutschsprachigen Raum bzw. in Anlehnung an das St. Galler Management-Modell, ist der umfassendere Begriff und beinhaltet vielfache Funktionen und Aufgaben, wie die Entwicklung von Strategien, Planung von Aufgaben und Ressourcen, die Lenkung und Steuerung von Aktivitäten, Ressourcen und Ergebnissen, die Gestaltung von Prozessen, das Treffen von Entscheidungen, das Führen von Verhandlungen, die Besetzung von Stellen etc. Die direkte Führung von Mitarbeitern kann ein Teil dieser Funktionen und Aufgaben sein, muss es aber nicht.

1.2 Zum Begriff „Coaching"

Es soll hier nicht in die schier endlose Diskussion über die Interpretation des Begriffs „Coaching" eingestiegen werden, sondern nachfolgend einige der Grundaussagen zur Profession des Coaches des Round Table der Coaching Verbände wiedergegeben werden, auf die sich die Vertreter der beteiligten Coaching-Verbände nach einer 10-jährigen Diskussion geeinigt haben. Allein die Tatsache, dass es 10 Jahre gedauert hat, bis die vorliegende Einigung eines gemeinsamen Coaching-Verständnisses gefunden wurde, verdeutlicht die inhaltliche Kontroverse um den Begriff „Coaching".

Grundverständnis

> Coaching richtet sich an einzelne Personen (bzw. Personengruppen) und fördert deren Fähigkeit zur Selbstorganisation im Berufs- und Arbeitsleben. Coaching unterstützt die Person bei der Gestaltung ihrer persönlichen Entwicklung, ihrer sozialen Rollen und ihrer Kooperationsbeziehungen sowie bei der Bewältigung ihrer Entscheidungs- und Handlungsanforderungen im Arbeitsleben.
> Coaching wird durch einen Coach ausgeübt, dessen Qualifizierung von einem Berufs- oder Fachverband anerkannt ist.
> Im Dialog zwischen Coach und Klient werden Reflexions- und (Selbst-)Erfahrungsräume eröffnet und Klärungsprozesse initiiert. Durch die Erschließung neuer Perspektiven werden

Entwicklungspotenziale und Handlungsspielräume erschlossen, Lern- und Veränderungsprozesse angeregt und begleitet sowie die Entscheidungs- und Handlungsfähigkeit gestärkt.

- **Aufgabe im gesellschaftlichen Kontext**

» Der wachsende Zuspruch, den das Coaching erfährt, steht in auffälligem Zusammenhang mit den gesellschaftlichen Wandlungsprozessen.
Die steigende Komplexität, Flexibilität und Beschleunigung der globalisierten Netzwerkökonomie hat die Anforderungen an den Einzelnen in der Arbeitswelt stark verändert. Das Arbeitsleben ist heute zunehmend charakterisiert durch eine gestiegene Erwartung an die Eigenständigkeit, Entscheidungsfähigkeit und Eigenverantwortung des Einzelnen. Zugleich sind die Bereitschaft und Fähigkeit zur kooperativen Interaktion und effizienten Kommunikation unter den Bedingungen eines sich unablässig verändernden Arbeitsumfeldes notwendige Kompetenzen im Arbeitsprozess.
Vor dem Hintergrund dieser Anforderungen besteht die zentrale Aufgabe von Coaching in der Stärkung und Förderung der arbeitsbezogenen (Selbst-)Reflexionsfähigkeit, der Orientierungs-und Entscheidungsfähigkeit sowie der Handlungskompetenz der Person (bzw. Personengruppen).
Coaching unterstützt die Resilienz der Person und ihre Fähigkeit zu (selbst-)verantwortlichem Handeln insbesondere in Situationen individueller, organisationaler und gesellschaftlicher Veränderung. Coaching stärkt und fördert den individuellen Entwicklungs- und Bildungsprozess–auch im Sinne der Idee des „lebenslangen Lernens".

- **Vorgehensweise**

» Die Grundlage des Coaching Prozesses ist das dialogische Arbeitsbündnis zwischen Coach und Klient. Coaching ist vertraulich und findet in einem geschützten Rahmen statt.
Der Coaching Prozess ist strukturiert, methodengeleitet und zeitlich begrenzt. Die Coaching Ziele und -themen werden durch den Klienten bestimmt und zu Beginn zwischen Coach und Klient verbindlich vereinbart. Trotz der Zielorientierung bleibt der Coaching Prozess ergebnisoffen.
Im Unterschied zur reinen Fachberatung versteht sich Coaching als eine Form der reflexiven Beratung, in der die Ressourcen des Klienten erschlossen werden und der Klient zur selbständigen Aufgabenbewältigung befähigt wird. Coaching setzt daher die Bereitschaft zur aktiven Beteiligung des Klienten voraus–auch dann, wenn die Beratungsleistung durch Dritte (insbesondere durch den Arbeitgeber) finanziert wird.
Coaching ist durch Theorie- und Methodenvielfalt gekennzeichnet, um das komplexe Gegenstandsfeld erfassen und bearbeiten zu können. Die verwendeten Theorien und Methoden entstammen vorwiegend den Sozial- und Geisteswissenschaften wie vor allem der Pädagogik, der Psychologie, der Soziologie, den Wirtschaftswissenschaften, der Philosophie oder den Sprachwissenschaften.
Coaching basiert auf einem Dienstleistungsvertrag, in dem Zielsetzung und Rahmenbedingungen der Auftragserfüllung (wie Ort, Zeitrahmen, Vorgehen, Evaluation, Honorarabsprachen, Verschwiegenheit etc.) geregelt sind.
(www.roundtable-coaching.eu/wp-content/uploads/2015/03/RTC-Profession-Coach-2015-03-19-Positionspapier.pdf. Abgerufen 28.12.2015.)

Es soll diesem Verständnis von Coaching nichts hinzugefügt werden; lediglich betont sein, dass es selbstverständlich ist, dass jeder Coach in seiner individuellen Form von Coaching verschiedene Schwerpunkte legt und bestimmte Vorgehensweisen wählt, die mit seiner Person, seiner Qualifikation, seiner ethischen Grundhaltung und seinen vielfältigen Erfahrungen und Kompetenzen korrespondieren. Nicht umsonst wird heute auch vom Zeitalter des Bindestrich-Coachings gesprochen, das Ausdruck eines Differenzierungsprozesses ist und mit der kontinuierlichen Weiterentwicklung und Professionalisierung von Coaching korreliert. Diese Professionsentwicklung ist vergleichbar mit den verschiedenen Phasen der Entwicklung, die ein Unternehmen durchläuft: nach der Pionier- oder Gründerphase folgt die Differenzierungsphase. Dem Eintritt in die Differenzierungsphase für das Format Coaching ist sicherlich auch das Entstehen des Begriffs Management-Coaching geschuldet.

1.3 Zum Begriff „Management-Coaching"

Wenn man im Internet den Begriff Management-Coaching eingibt, bekommt man viele Verweise auf Seiten, die diesen Begriff sogar in ihrer Domain führen oder zumindest im Text auf ihren Seiten gebrauchen. Keine dieser Seiten gibt auch nur ansatzweise eine klare Definition für diesen Begriff. Erschreckend ist die Tatsache, dass nicht einmal im „Handbuch für Management-Coaching" (Janssen 2013) dieser Begriff definiert wird.

Nachfolgend soll unter Management-Coaching ein Coaching verstanden werden, das sich speziell auf Manager in Unternehmen und Organisationen als Zielgruppe konzentriert. Diese nehmen Management-Coaching in Anspruch, um Unterstützung für die erfolgreiche Bewältigung immer schwieriger und komplexer werdender Managementaufgaben und -rollen zu bekommen. Die Herangehensweise, die Themen, die Ziele und auch der Einsatz von Methoden werden im Management-Coaching einerseits aus den gegenwärtigen und zukünftigen Aufgaben, Rollen und Situationen, mit denen es Manager und Führungskräfte in Unternehmen und Organisationen zu tun haben, bestimmt und andererseits aus der Person des Managers, der das Management-Coaching in Anspruch nimmt. Management-Coaching bzw. der Klient und der Coach nehmen somit immer drei Perspektiven ein:
1. Die Organisation, in der der Klient tätig ist und deren aktuelle Befindlichkeit in Hinblick auf Strategie, Struktur, Kultur, Entwicklungsphase, Kern- und Unterstützungsprozesse, Führungspersonen etc.
2. Die Person des Managers mit ihrer ganz persönlichen Geschichte, mit ihren Interessen und Bedürfnissen, Handlungs- und Denkstrukturen sowie den persönlichen Charakteristika (Meifert 2012, S. 15f.).
3. Die Managementaufgabe bzw. -rolle und ihre aktuellen und zukünftigen Herausforderungen im Kontext der Organisation, in der der Klient tätig ist.

Ist der Klient in einem Management-Coaching aus dem oberen Management, dann wird häufig von Executive Coaching gesprochen. Ist der Klient eher im unteren Management angesiedelt, wird auch von einem Coaching für Führungsnachwuchskräfte gesprochen. Es ist selbstredend, dass sich die Themen erheblich unterscheiden, je nach dem, auf welcher Managementebene der Klient tätig ist. Die nachfolgenden Ausführungen zum Thema Management und Narzissmus befassen sich vorwiegend mit dem oberen Management, haben somit Auswirkungen auf die gesamte Unternehmung oder Organisation. Es kann daher von einem Executive-Management-Coaching gesprochen werden.

1.3.1 Grundmodell eines Management-Coachings

Die nachfolgende ▶ Abb. 1.1 stellt das Grundmodell eines Management-Coachings dar.

In dieser ▶ Abb. 1.1 werden die zwei Perspektiven Person und Organisation, die beide in ihre jeweilige Umwelt eingebettet sind, im Management-Coaching deutlich. Außerdem wird der Fokus oder das eigentliche Objekt der reflexiven Beratung im Management-Coaching sichtbar: die Rolle bzw. die Managementaufgaben des Klienten.

Dabei meint das Konzept der Rolle, das Set von Einstellungen, Haltungen, Werten, und Verhaltensweisen aber auch die Vollmachten, Befugnisse und Verantwortlichkeiten, die mit einer spezifischen Funktion und Aufgabe in einer Unternehmung oder einer Organisation verbunden sind. Die Rolle ist das Bindeglied zwischen der Person mit ihren Gefühlen, Motiven und ihrem Charakter einerseits und der Unternehmung oder Organisation mit ihren Zielen, Plänen, Strukturen, Kulturen und Prozessen andererseits.

Eine Person tritt nicht als Privatperson mit einer Organisation in Kontakt, sondern durch die Übernahme einer Rolle. Die Rolle wird dabei nicht nur durch die Person bestimmt, sondern gleichermaßen oder sogar vorwiegend durch die Organisation. Die organisatorische Definition der Rolle bestimmt, welche Aufgaben und Befugnisse eine Person in einer Organisation erhält und wo die Grenzen liegen. Die Rolle bestimmt die Bandbreite möglichen Verhaltens, mit ihren Spielräumen, Pflichten und Verboten. Wie diese Rolle ausgefüllt und interpretiert wird, bestimmt maßgeblich die Person. Je mehr persönliche Fähigkeiten, Interessen, Kenntnisse und Ambitionen in der Managementrolle gelebt werden können, desto vitaler und authentischer fühlt sich der Rollenträger und desto überzeugender kann er – auch gegenüber seinen Mitarbeitern und Vorgesetzten – agieren. Viele Management-Coachings entstehen aufgrund mangelnder Passung zwischen Person, Rolle und Organisation (Lohmer et al. 2012, S. 60). Der Impuls für ein Management-Coaching kann dabei sowohl von der Person als auch von der Organisation ausgehen.

Ein weiterer Aspekt, der in diesem Grundmodell dargestellt wird, ist der Umstand, dass in einem Management-Coaching nicht ausschließlich die bewussten Vorgänge und Prozesse ihren Niederschlag finden, sondern die unbewussten ebenso. Es gilt, die individuellen, organisationalen und auch die kollektiv unbewussten Inhalte zumindest zu bedenken und wo und wie auch

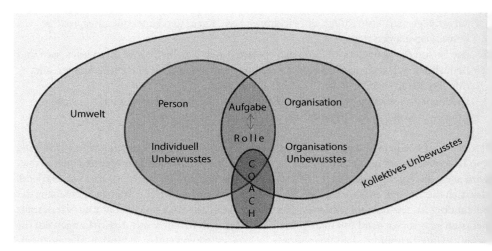

◘ Abb. 1.1 Grundmodell des Management-Coachings. (Mod. nach Lohmer et al. 2012, S. 60, courtesy of Schattauer)

1.3.2 Management-Coaching als funktions- und persönlichkeitsorientiertes Coaching

Ein Management-Coaching nach diesem Grundmodell ist ein funktions- und persönlichkeitsorientiertes Coaching im Gegensatz zu einem reinen persönlichkeitsorientierten Coaching, wie es z. B. im Begriff „Life-Coaching" zum Ausdruck kommt. Im Life-Coaching geht es um persönliches Wachstum und Weiterentwicklung und um Fragen der Lebensplanung, Lebensgestaltung sowie dem Sinn des Lebens (Schmidt-Lellek und Buer 2011).

Management-Coaching schließt diesen persönlichen Fokus und diese persönlichen Themen nicht aus, sondern bezieht diese Perspektive auch ganz bewusst mit ein. Persönliches Wachstum und persönliche Entwicklung, die Klärung persönlicher Ziele und Motive, die Sicherstellung einer Work-Life Balance bis hin zu Fragen der Beziehungs- und Familiengestaltung können bzw. sollen Themen im Management-Coaching sein. Allerdings werden diese Themen vorwiegend – jedoch nicht ausschließlich – unter der Perspektive betrachtet, inwiefern sie zu einer erfolgreichen Bewältigung der Rolle und der Managementfunktionen und -aufgaben in der Organisation beitragen. Persönlichkeitsentwicklung, also der Aufbau persönlicher und sozialer Kompetenzen, wird im Management-Coaching nicht nur als Selbstzweck betrachtet, sondern auch als Mittel zum Zwecke der besseren Rollengestaltung und Aufgabenerfüllung innerhalb der Organisation.

Gleichzeitig geht ein Management-Coaching weit über diesen persönlichen Bereich, dieses sog. Selbstmanagements hinaus und macht die Frage eines gelingenden Managements zum Kern seines reflexiven Beratungsprozesses. Themen wie Strategie, Organisationsstruktur, Unternehmenskultur, Change-Management oder (Kern-)Prozesse und Fragen der Führung von Mitarbeitern und Mitarbeitergruppen werden neben der Person des Klienten zum zentralen Inhalt des Management-Coachings. Letztlich können alle Themen, die für eine erfolgreiche Bewältigung der individuellen Rolle und der Managementaufgaben wichtig sind, Inhalt eines Management-Coachings sein. In einem reflexiven Beratungsprozess zu diesen Themen geht es auch um den Aufbau und die Fortentwicklung notwendiger Kompetenzen und Ressourcen, um diese Rolle ausfüllen und die Managementaufgaben erfolgreich bewältigen zu können. Wer eine Organisation erfolgreich managen will, muss aber auch eine Vorstellungen davon haben, was er überhaupt unter Erfolg versteht. Es geht somit im Management-Coaching auch um Werte und Einstellungen, um Prioritäten und Ethik.

1.4 Theoretische Hintergründe für ein Management-Coaching

An dieser Stelle wäre es eigentlich sinnvoll und angebracht, die theoretischen Hintergründe für ein Management-Coaching darzulegen. Zu diesen theoretischen Hintergründen zählen die Betriebswirtschaftslehre und die neueren kybernetischen und systemischen Managementlehren, die Psychoanalyse und die Psychodynamik, die Humanistische Psychologie, die Theorien zur Prozess- und Fachberatung, die Systemtheorie und der Konstruktivismus sowie noch einige neuere Erkenntnisfelder, wie die Neurobiologie oder die Stressforschung. Da diese theoretischen Hintergründe aber explizit und mit Bezug zum Thema Narzissmus im ▶ Kap. 4 aufgezeigt werden, wird an dieser Stelle auf weitere Ausführungen verzichtet, um Redundanzen zu vermeiden.

1.5 Auftraggeber, Anlässe und Ziele von Management-Coaching

Als Auftraggeber für das Management-Coaching fungieren in der Regel Unternehmen bzw. Organisationen. Diese bauen Verfahren und Funktionen auf oder haben sie aufgebaut, die der Auswahl und der Beauftragung von Coaches dienen. Diese Verfahren und Funktionen sind im Bereich Personal bzw. in der Personalentwicklung angesiedelt. Die von diesen Abteilungen vergebenen, meist zeitlich befristeten Coachingaufträge (5–10 Sitzungen à 2–4 Stunden) befassen sich häufig mit folgenden übergreifenden Themen, Anlässen und Zielen:

- Vorbereitung eines Managers auf die Übernahme einer neuen Managementposition.
- Begleitung bei der Bewältigung schwieriger und herausfordernder Management- und Führungssituationen.
- Unterstützung bei der Weiterentwicklung persönlicher, sozialer oder managerialen Kompetenzen (dazu auch Meifert 2012, S. 20).

Diese von der Personalentwicklungsabteilung vergebenen Coachingaufträge konzentrieren sich häufig vor allem auf Fragen des Selbstmanagements und der Mitarbeiterführung. Sie greifen aber damit in der Regel zu kurz.

Hinter den genannten Anlässen und Themen, die in einem zeitlich begrenzten Coachingprozess bearbeitet werden sollen, verbergen sich oft vielfältige gravierendere Themen, die manchmal erst dann erscheinen, wenn die gegenwärtigen eher oberflächlichen Themen bearbeitet sind.

Von daher ist es nicht verwunderlich, dass sich neben der Vergabe von Coachingaufträgen durch die Personalentwicklungsabteilung häufig ein zweiter Auftragsweg etabliert hat. Insbesondere Manager der oberen Managementebene engagieren einen Management-Coach, der ihnen aus dem eigenen Netzwerk vermittelt oder empfohlen wurde. Mit ihm treffen sie sich häufig unregelmäßig, um sich auf Augenhöhe mit ihm als „Sparringspartner" auszutauschen. In dieser Form des Management-Coachings werden häufig die wirklich wichtigen Themen besprochen. In einem solchen Management-Coaching wird meist aus einer gewissen Distanz zum Tagesgeschäft das eigene Denken, Fühlen, Entscheiden und Handeln reflektiert. Es geht darum, neue Zusammenhänge zu erkennen, eigenen Perspektiven und Einstellungen zu erweitern, die eigene Position in strittigen Situationen zu präzisieren und anstehende Entscheidungen zu identifizieren, vorzubereiten und manchmal auch zu treffen.

Themen in diesen Sitzungen können die Entwicklung von Strategien, notwendige Veränderungen von Organisationsstrukturen, Fragen der Beeinflussung der Unternehmenskultur, Überprüfung und Verbesserung von Prozessen, Bewältigung von Konflikten und schließlich die Verbesserung der eigenen Work-Life-Balance sein. Es handelt sich somit um ein Management-Coaching mit für die Organisation entscheidenden Managementthemen vor dem Hintergrund der Person des Managers und nicht ausschließlich um den Aufbau von Kompetenzen und die Verbesserung der Führungssituation.

Es dürfte sicherlich einleuchten, dass für eine solche Form des Management-Coachings die Personalentwicklungsabteilung bzw. die Personalentwicklung nicht unbedingt die beste Anlaufstelle ist. Wünschenswert wäre es vielmehr, wenn es in Unternehmen eine Abteilung für Unternehmensentwicklung (Schwerpunkt Strategie), Change-Management und strategisches Personalmanagement und -entwicklung geben würde, die direkt am Geschäftsführer oder am Chief Executive Officer (CEO) aufgehängt ist. Diese Abteilung wäre zuständig für die Vergabe von Management-Coachingaufträgen im oben beschriebenen Sinne, die in Abstimmung mit der verfolgten Unternehmensstrategie, dem aktuellen Veränderungsbedarf im Unternehmen und dem Personalentwicklungsbedarf vergeben werden würden. Diese Form von Management-Coaching orientiert sich sowohl am aktuellen Unternehmensentwicklungsbedarf als auch am aktuellen individuellen Persönlichkeitsentwicklungsbedarf und hat somit die Chance auf die höchste Wirksamkeit. Darüber hinaus sollte es eigentlich selbstverständlich sein, dass der oberste Leitungskreis eines Unternehmens (CEO; Chief Operating Officer, COO; Chief Financial Officer, CFO bzw. Geschäftsführung) für sich ein Management-Coaching in Anspruch nimmt, wobei neben einem Einzelcoaching auch ein Teamcoaching denkbar und sinnvoll erscheint. Hausammann (2007), ein Schweizer Management-Coach, fordert z. B., dass Manager – genauso wie Unternehmen sich regelmäßig einer externen Revision oder Piloten sich einer gesundheitlichen und fachlichen Tauglichkeitsprüfung stellen – ihr Handeln regelmäßig reflektieren müssen. Personal-Governance-Coaching, als regelmäßiges Sparring mit einem professionellen Executive Coach, sollte seiner Meinung nach als Teil einer guten Corporate Governance selbstverständlich sein und zum Standard werden.

Damit wird deutlich, dass es für ein solches Verständnis von Management-Coaching von Seiten des Coaches nicht ausreichend ist, Kompetenzen und Qualifikationen für einen reflexiven Beratungsprozess mit Themen der Persönlichkeitsentwicklung und Führung zu besitzen. Vielmehr ist ein theoretisch gut fundiertes Managementverständnis und Beratungsknowhow notwendig, dass bestenfalls durch umfassende eigene, reflektierte Managementkenntnisse untermauert ist (vgl. dazu auch die Ausführungen in ▶ Kap. 4).

1.6 Zusammenfassung

In diesem Buch wird unter Management-Coaching ein persönlichkeits- und funktionsorientiertes Coaching von Managern verstanden, dass vorwiegend deren Managementfunktionen und -aufgaben sowie die Managementrolle zum Thema hat. Es geht dabei um die reflexive Begleitung, Beratung und Unterstützung bei der kurz- und langfristigen Bewältigung gegenwärtiger und zukünftiger Managementaufgaben im Kontext ihrer Organisation durch einen erfahrenen Management-Coach. Theoretische Hintergründe für ein solches Management-Coaching sollten die Psychoanalyse und die tiefenpsychologische Psychodynamik, sowie die Erkenntnisse aus der humanistischen Psychologie bilden.

Um den Aspekt der Organisation ausreichend zu berücksichtigen, ist es erforderlich, die allgemeine Betriebswirtschaft und insbesondere die modernen Managementtheorien und -modelle entsprechend einzubeziehen. Auftraggeber sollte am besten der Manager selbst sein und Management-Coaching sollte ein fester und selbstverständlicher Teil einer guten Corporate Governance der Organisation sein.

Was bedeutet und beinhaltet der Begriff „Narzissmus"?

2.1 Historische Wurzeln des Begriffs Narzissmus – 12

2.2 Zur Phänomenologie – Was macht einen Narzissten aus? – 14
2.2.1 Das Verhalten – 15
2.2.2 Die Gefühle – 15
2.2.3 Die Gestaltung von Beziehungen – 16
2.2.4 Charakterhaltungen – 21

2.3 Unterscheidung zwischen einem gesunden und einem pathologischen Narzissmus – 21

2.4 Entwicklungstheorien des Narzissmus – 24

2.5 Behandlung einer narzisstisch gestörten Persönlichkeit – 25

2.6 Narzissmus als gesellschaftliches Phänomen – 29

2.7 Zusammenfassung – 32

© Springer-Verlag GmbH Deutschland 2018
C. Schneck, *Coaching und Narzissmus*,
DOI 10.1007/978-3-662-53946-0_2

Bevor man sich mit dem Begriff und dem Konstrukt des Narzissmus als ein empirisch nicht zu beobachtender Sachverhalt innerhalb einer wissenschaftlichen Theorie auseinandersetzt, der gedanklicher bzw. theoretischer Natur und nicht direkt beobachtbar ist, muss man sich zuerst einmal die Frage stellen, was die evolutionsbiologischen Besonderheiten des Menschen sind, die überhaupt zur Bildung eines solchen Konstrukts geführt haben. Adolf Portmann nannte den Homo Sapiens im Vergleich mit den höchstentwickelten Säugetieren eine *extrauterine Frühgeburt* – ein Wesen, das zu selbstständigem Leben unfähig aus dem Uterus in die Welt geboren wird. Er kommt zu dem Ergebnis, dass die Schwangerschaft beim Menschen insgesamt 21 Monate – also 1 Jahr länger dauern müsste, um bereits bei seiner Geburt den Entwicklungsstand der übrigen höheren Säuger zu erreichen (Portmann 1956, S. 49). Im ersten Lebensjahr, dem extrauterinen Frühjahr, wie Portmann es nennt, muss das Kind seine Entwicklung außerhalb des Mutterschoßes unter dem Einfluss seiner Umwelt – „im sozialen Mutterschoß", für die ein solches Wesen noch völlig untauglich ist, vollenden (ebd., S. 68). Der Mensch bedarf daher in den ersten Lebensmonaten und Jahren einer besonderen Zuwendung. Freud formulierte diese Tatsache schon 1926 wie folgt:

> Die Intrauterinexistenz des Menschen erscheint gegen die meisten Tiere relativ verkürzt; er wird unfertiger als diese in die Welt geschickt. ... Dies biologische Moment stellt also die ersten Gefahrensituationen her und schafft das Bedürfnis, geliebt zu werden, das den Menschen nicht mehr verlassen wird. (Freud 1926, S. 186f.)

Der Mensch ist somit aufgrund seiner evolutionären Disposition ganz besonders der Gefahr „früher Störungen" in seiner psychischen Entwicklung ausgesetzt. Narzissmus kann in seiner pathologischen Ausprägung als eine frühe Störung in der Entwicklung eines Menschen bezeichnet werden.

2.1 Historische Wurzeln des Begriffs Narzissmus

In den letzten Jahren ist vom Begriff Narzissmus ein inflationärer und häufig auch unpräziser Gebrauch gemacht worden. Er findet dabei nicht nur in der Psychoanalyse und in den verschiedenen psychotherapeutischen Schulen sondern auch im Alltag häufig Verwendung. In der psychoanalytischen Debatte über das Thema Narzissmus herrscht auch nur über zwei Punkte Einigkeit: Erstens, dass das Konzept des Narzissmus zu den wichtigsten Erkenntnissen der Psychoanalyse gehört und dass es zweitens sehr verwirrend ist. Bis heute herrschen Zweifel, ob dieser Begriff überhaupt noch eine theoretisch eindeutige Trennschärfe besitzt.

- **Der Mythos des Narziss**

Die sprachliche Wurzel des Begriffs Narzissmus liegt in dem griechischen Mythos des Narziss. Die Ursprünge des mythischen Narziss reichen weit in die griechische Geschichte zurück. Erst der römische Dichter Ovid (43 v. Chr. bis 17 n. Chr.) hat in seinem Sammelwerk *Metamorphosen* die bis dahin überlieferten Mythen von Narziss (Buch III, Vers 339–510) zu einem Ganzen zusammengefasst (Albrecht 2014). Im Folgenden wird die Ovidsche Version vom Narziss-Mythos in sinngemäßer und gekürzter Form wiedergegeben:

> Narziss war der Sohn der Quellnymphe Liriope und des Flussgottes Cephisus. Ovids Metamorphosen erzählen, dass Liriope in den Sog des Flusses gerät und der Flussgott Cephisus sie vergewaltigte, als seine Wellen sie umschließen. Aufgrund seiner Abstammung war Narziss mit göttlicher Schönheit gesegnet. Liriope hatte jedoch Angst, dass ihr Kind

2.1 · Historische Wurzeln des Begriffs Narzissmus

vorzeitig sterben könnte und fragte den Seher Tiresias, ob Narziss ein hohes Alter erreichen werde. Dieser beantwortete die Frage mit einem ‚Ja' - jedoch nur, wenn er sich selbst fremd bliebe. Narziss wuchs zu einem schönen Jüngling heran, der von vielen Jünglingen und Mädchen begehrt wurde. Aber er wies alle Liebe hartherzig und hochmütig zurück. Ganz besonders verliebt in Narziss war die Nymphe Echo, die jedoch wegen ihrer Geschwätzigkeit von der Göttin Hera verflucht worden war. (Hera hatte Echo dafür bestraft, dass jene ihre Nymphenschwestern gewarnt hatte, mit denen sich Heras Gatte Zeus vergnügte.) Von gehörten Worten konnte Echo nur die letzten wiederholen. Als Narziss sich einmal auf der Jagd im Wald verirrt hatte, rief er: „ist hier jemand?" und Echo antwortete: „jemand". „Komm sofort heraus", verlangte Narziss und Echo gab betrübt zurück: „heraus". Als sich Echo zeigte und Narziss umarmen wollte, flüchtete dieser mit dem Ausruf: „eher möchte ich sterben, als dass ich der Deine würde!". Die verschmähte Echo versteckte sich daraufhin in den Wäldern, verbarg schamhaft ihr Gesicht im Laub, lebte in einsamen Höhlen und durch den Kummer verzehrte sich ihr Leib. Ihre Knochen verwandelten sich in Stein, aber alle konnten sie hören. Auf diese Weise entzog sich Narziss auch anderen Nymphen und Männern. Auch ein Mann namens Ameinios empfand die Zurückweisung als schmerzlich, streckte die Hände zum Himmel und bat: „So soll er denn sich selbst lieben, auf dass er niemals in der Liebe glücklich sei!" Dieser Fluch wurde von der Göttin Rhamnusia, die für Rache und Groll bei Ungerechtigkeit stand, erhört und sie stimmte zu.
Eines Tages ließ sich Narziss, von der Anstrengung der Jagd und der Hitze erschöpft, am Ufer einer Quelle nieder. Das Wasser war so klar und still, dass er sich darin spiegeln konnte. Er hielt sein Spiegelbild für einen anderen Menschen und verliebte sich in dessen Schönheit. Schließlich stellte Narziss jedoch fest, dass er sich in sein eigenes Spiegelbild verliebt hatte. Angesichts der Ausweglosigkeit seiner Situation gab Narziss sich seinen schwindenden Kräften hin und vergießt bittere Tränen, die, als sie ins Wasser fallen, sein Spiegelbild zerstören. Als ihm sein Anblick genommen wurde, reißt er sich die Kleider vom Leib und schlägt sich so lange gegen die Brust, bis er blutet. Als er im wieder beruhigten Wasser erkannte, was er sich angetan hat, erträgt er den Anblick nicht und schwindet langsam dahin. An jener Stelle, an dem der Körper von Narziss verging, wuchs eine Blume, die safrangelb in der Mitte und von weißen Blütenblättern umsäumt war – die Narzisse.[1]

Verschiedene Autoren sehen in diesem Mythos die Themen Spiegelung und (Ich-)Identität, Täuschung und Trugbild, (Selbst-)Erkenntnis und Tod, Begehren und Ablehnung, maßlose Fremd- und heillose Selbstliebe sowie das Motiv der Blume (Renger 2002, S. 1).

Bärbel Wardetzki, eine bekannte Autorin und Psychotherapeutin speziell zum weiblichen Narzissmus, interpretiert den Mythos des Narziss aus der Beziehungsperspektive zu Vater und Mutter. Für sie hat Narziss einen unerreichbaren Vater, der als Flussgott dem wässrigen, immer im Fließen begriffenen Element entstammt. Er ist dadurch ungreifbar, bezieht nicht Stellung und ist gewalttätig. Seine Mutter, die junge leichtfüßige Nymphe, bietet ihrer Ansicht nach nur wenig umsorgende Mütterlichkeit und idealisiert den Sohn entweder oder macht ihn zum Partnerersatz. Er ist ihrer Launenhaftigkeit und Unbeständigkeit ausgeliefert. Ihrer Interpretation folgend ist eine mangelhafte Bindung die Grundlage der Beziehungsstörung und des Identitätsverlustes des Narziss. Seine Beziehungen bestehen für Wardetzki hauptsächlich auf Bewunderung und Äußerlichkeiten. Ihnen fehlt ihrer Ansicht nach die Tiefe, die Narziss durch die Ablehnung jeglicher Liebe und Nähe selbst verhindert. Er zieht sich stattdessen – in narzisstischer Manier – auf sich selbst zurück (Wardetzki 2010, S. 36).

---

1   Vgl Bierhoff und Herner (2009, S. 21ff.), Maaz (2012, S. 7ff.) und Malkin (2016), S.19ff.

Freud erwähnte den Begriff Narzissmus erstmals am 10. November 1909 auf einem Vortragsabend der Wiener Psychoanalytischen Vereinigung. Er postulierte, dass der Narzissmus ein notwendiges Entwicklungsstadium des Übergangs vom Autoerotismus zur Objektliebe sei (Wiedergegeben in Nunberg und Federn 1977, S. 282, zit. nach Hartmann 2006, S. 3). Erst 1931 beschrieb Freud den „narzisstischen Charaktertypus",

> bei dem das Hauptinteresse auf die Selbsterhaltung gerichtet ist, der unabhängig und wenig eingeschüchtert ist. Dem Ich ist ein großes Maß an Aggression verfügbar, das sich in Bereitschaft zur Aktivität kundgibt; im Liebesleben wird das Lieben vor dem Geliebt Werden bevorzugt. Menschen dieses Typus imponieren den anderen als „Persönlichkeiten", sind besonders geeignet, anderen als Anhalt zu dienen, die Rolle von Führern zu übernehmen, der Kulturentwicklung neue Anregungen zu geben oder das Bestehende zu schädigen. (Freud 1931, S. 511)

Diese Beschreibung wird allgemein als die erste grundlegende Definition der Narzisstischen Persönlichkeitsstörung angesehen.

2.2 Zur Phänomenologie – Was macht einen Narzissten aus?

Auf die Frage, ob sie je einem Narzisst begegnet sind, wird den meisten Menschen ein Freund, Vorgesetzter oder Liebespartner in den Sinn kommen. Sie werden eine Persönlichkeit voller Widersprüche beschreiben, selbstverliebt aber gleichzeitig empfindlich gegenüber Kommentaren von außen; emotional labil, anfällig für wahre Begeisterungsstürme, aber auch in tiefster Verzweiflung. Dem Charme und der Leichtigkeit, mit der sie sich auf sozialem Parkett bewegen, steht ihre Gefühllosigkeit angesichts der Empfindungen, Wünsche und Bedürfnisse anderer gegenüber. Einem anfänglichen Sich-Hingezogen-Fühlen zu diesen Menschen folgt nicht selten ein Überdruss angesichts der permanenten Forderung nach Bewunderung und Aufmerksamkeit (Morf und Rhodewalt 2006, S. 309).

Dieses Interesse am eigenen Selbst kann jedoch unterschiedliche Ausmaße annehmen, das von normalem, angemessenem Narzissmus bis hin zu schweren narzisstischen Störungen reichen kann. Wolfgang Mertens, ein bekannter Psychoanalytiker und emeritierter Professor für klinische Psychologie und Tiefenpsychologie betont die Mannigfaltigkeit narzisstischer Erscheinungsformen und das weite Spektrum narzisstischer Erlebnisweisen und Persönlichkeitszüge. Er bezeichnet die narzisstische Persönlichkeitsstörung synonym mit Selbstwertbeeinträchtigung und -störung und stuft auch liebenswürdig erscheinende und schüchtern wirkende Menschen, die unablässig bestrebt sind, ihre Existenzberechtigung durch ein zuvorkommendes und hilfsbereites Wesen zu beweisen, als selbstwertgestörte Personen ein. Ferner weist er auf die Problematik vorschneller diagnostischer Urteile hin, die nicht zuletzt durch die Diagnosesysteme, wie der ICD oder das DSM[2] entstand. Er betont, dass eine genaue Kenntnis einer Person erforderlich ist, um einigermaßen einschätzen zu können, ob seine auf den ersten Blick als narzisstisch

---

2 Als klassische Hilfsmittel zur Diagnose gelten der ICD und der DSM. Die *Internationale statistische Klassifikation der Krankheiten und verwandter Gesundheitsprobleme* (ICD) ist das wichtigste weltweit anerkannte Diagnoseklassifikationssystem der Medizin. Es wird von der Weltgesundheitsorganisation (WHO) herausgegeben. Das *Diagnostic and Statistical Manual of Mental Disorders* (Diagnostisches und Statistisches Handbuch Psychischer Störungen – DSM) ist ein Klassifikationssystem der American Psychiatric Association (Amerikanische Psychiatrische Vereinigung) und wurde 1952 zum ersten Mal in den USA herausgegeben. Seit 1996 gibt es die deutsche Publikation des DSM-IV.

2.2 · Zur Phänomenologie – Was macht einen Narzissten aus?

imponierenden Verhaltensweisen und Einstellungen eher situativ, vielleicht sogar etwas mit dem jeweiligen Gegenüber zu tun haben, oder eher persistierend und somit habituell sind (Mertens 2005, S. 129). Um der Fülle der narzisstischen Phänomene und Erscheinungsformen gerecht zu werden, unterscheidet Mertens u. a. in die Dimensionen Verhalten, Gefühle, Beziehungen, Charakterhaltungen und Phantasien.

2.2.1 Das Verhalten

Im *Verhalten* narzisstisch gestörter Menschen findet man seiner Ansicht nach häufig ein egozentrisches, manipulierendes und selbstgefälliges Auftreten sowie eine Ungeduld, wenn es um die Belange anderer Menschen geht oder ein ärgerliches Desinteresse, wenn nicht die eigene Person im Mittelpunkt steht. Das suchtartige Verlangen nach Bewunderung muss aber nicht in jeder Lebenssituation und ständig geäußert werden. Gerade wenn diese Menschen etwas erreichen wollen, können sie mit gespielter Einfühlung und Charme ihr Gegenüber täuschen. Obwohl man sich im Zusammenleben mit ihnen oft zu kurz gekommen fühlt, sind sie häufig die Ankläger, die auch als rechthaberisch und voller Selbstmitleid charakterisiert werden können. Der Glaube an die eigene moralische Vollkommenheit und Überlegenheit und der gleichzeitige Mangel an wirklichen Selbstwertgefühlen lassen es nicht zu, sich einzugestehen, dass man Fehler gemacht hat. Es sind immer die anderen, die fehlerhaft oder unmoralisch waren.

Narzisstisch gestörte Menschen können seiner Beobachtung nach aber durchaus sozial gut angepasst und erfolgreich sein und nehmen nicht selten sogar eine Spitzenposition in unserer Gesellschaft ein. Orientiert am äußeren Schein und am Marktwert, angezogen von Erfolg und Ruhm, sind ihnen zwischenmenschliche Kontakte zumeist nur Mittel zum Zweck. Wirklich große Leistungen bleiben der narzisstischen Persönlichkeit zumeist verwehrt, weil diese nur aus einer hingebungsvollen Leidenschaft und einer sachbezogenen Motivation entstehen können, über die der narzisstisch gestörte Mensch jedoch nur selten verfügt.

Auch im *Arbeitsverhalten* zeigt sich ein überzogenes Anspruchsdenken. Die Leistung – ohne dafür viel Einsatz zu bringen – soll andere beeindrucken und sie vor Neid erblassen lassen. Wiederum andere narzisstisch gestörte Personen leiden hingegen unter ihren überzogenen Perfektionsansprüchen. Narzisstisch gestörte Mitarbeiter reagieren oft sehr empfindlich auf Bevorzugung anderer. Teamarbeit ist für sie sehr schwierig und Hierarchien stellen für sie eine Möglichkeit dar, sich ihren Mitmenschen überlegen zu fühlen.

2.2.2 Die Gefühle

Die *Gefühle* narzisstisch gestörter Menschen sind häufig eingegrenzt auf rauschartige Erfahrungen eigener Größe und Erfolge. Gefühle, die durch menschliches Miteinander entstehen, bleiben ihnen fremd. Langeweile und Angst vor dem Alleinsein sind gefürchtete Zustände, die es durch andauerndes Beschäftigt-Sein zu kompensieren gilt. Das weitgehende Fehlen von Gefühlen wie Traurigkeit, Dankbarkeit, Freude, Ergriffenheit, Verbundenheit und Sehnsucht lassen diese Menschen gefühlsmäßig als flach erscheinen. Es mangelt ihnen zudem an wirklicher Lebensfreude, wodurch sie einen starken Neid auf andere empfinden. Neid ist der Affekt, der diese Menschen ohnehin am intensivsten beschäftigt, z. B. in der Form, sich ständig mit anderen zu vergleichen und andere Menschen dabei zu entwerten. Hinter einer Fassade oberflächlicher Grandiosität liegt davon abgespalten die innere narzisstische Welt mit intensiven, chronischen Neidgefühlen, starker Wut und Gefühlen der Leere und Langeweile, aber auch Minderwertigkeits- und Schamgefühlen (Mertens 2005, S. 139, 165).

2.2.3 Die Gestaltung von Beziehungen

Die *Gestaltung von Beziehungen ist* das wohl interessanteste und zugleich mit den größten Konsequenzen behaftete Phänomen bei narzisstisch gestörten Menschen. Sie orientieren sich hauptsächlich am eigenen Vorteil, da sie weitgehend unfähig zu einem tiefer gehenden Interesse am anderen Menschen sind. Vom Mangel an wirklicher Anteilnahme angefangen bis hin zur offensichtlichen Ausbeutung anderer Menschen gibt es viele Abstufungen. In der Regel halten sich narzisstisch gestörte Menschen an die moralischen Wertvorstellungen, zumindest an solche, deren Wirkungen nach außen hin erkennbar werden. Sie können es häufig kaum glauben, dass andere Menschen andere Prinzipien als die des finanziellen Erfolges vertreten.

In den weniger gestörten narzisstischen Beziehungen kommt es zu dem von Willi beschriebenen unbewussten Zusammenspiel zwischen den Partnern, wobei einer mehr den progressiven, der andere mehr den regressiven Part einnimmt. Willi bezeichnet dieses Zusammenspiel als „narzisstische Kollusion", die beiden Pole oder Positionen mit Narzisst und Komplementärnarzisst.

Willi hat den Begriff „Kollusion" für alle Fälle geprägt, in denen die neurotischen Dispositionen der beiden Partner wie Schloss und Schlüssel zusammenpassen. Beide Partner haben bestimmte zentrale Konflikte aus früheren seelischen Entwicklungsphasen nicht verarbeitet und leben nun entgegengesetzte, sich zunächst aber ergänzende Lösungsvarianten dieser inneren Konflikte (Willi 1975, S. 61ff.).

In der narzisstischen Kollusion zeichnet sich der Typus des progressiven Narzissten dabei durch eine übersteigerte, oberflächliche Selbstsicherheit aus, um damit sein latentes Minderwertigkeitsgefühl zu kompensieren. Man könnte ihm zurufen: „Mach dich nicht so groß, so klein bist Du doch gar nicht". Der Komplementärnarzisst leidet unter einem manifesten Minderwertigkeitsgefühl, hinter dem sich latente Größenphantasien verbergen. Man könnte ihm zurufen: „Mach Dich nicht so klein, so groß bist Du doch gar nicht". Die nachfolgende
▶ Abb. 2.1 verdeutlicht nochmals diese kollusive Dynamik.

Die ▶ Abb. 2.1 der „narzisstischen Kollusion" verweist dabei auf zwei Dynamiken, eine intrapersonelle und eine interpersonelle:
- Durch die intrapersonelle Dynamik versucht die Person eine Balance zwischen dem inneren Erleben und dem Verhalten nach außen herzustellen.
- Durch die interpersonelle Dynamik versuchen zwei Personen eine Balance innerhalb einer Beziehung herzustellen (Willi 1975, S. 162ff.).

Die „narzisstische Kollusion) als dynamisches Phänomen verdeutlicht, dass die narzisstische Persönlichkeit ständig darum bemüht ist, einerseits sich selbst zu regulieren (selbstregulatives Modell) und andererseits die Beziehung zu regulieren (beziehungsregulatives Modell), um eine innere und äußere Balance zu erreichen (Bierhoff und Herner 2009, S. 53). (Zur narzisstischen Balance auch Lohmer und Wernz 2000, S. 233ff.).

Die von Willi beschriebene progressive und regressive Positionen entsprechen wohl auch denen von Olesen (2016, S. 23) unterschiedenen zwei Grundausprägungen der narzisstischen Persönlichkeit, den grandiosen und den depressiven Narzissten, die quasi beide Seiten der Medaille beschreiben. Beide Ausprägungen finden sich sowohl bei Männern als auch bei Frauen, wobei

2.2 · Zur Phänomenologie – Was macht einen Narzissten aus?

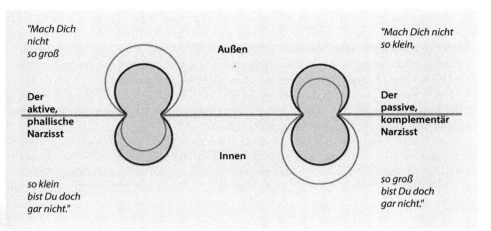

Abb. 2.1 Die narzisstische Kollusion. (Aus Schneck 2013, S. 100, © 2012 EHP - Verlag Andreas Kohlhage. Abdruck mit freundlicher Genehmigung durch den Verlag. All Rights reserved. This includes reproduction and transmissions in any form or by any means without permission in writing from the publisher.)

der grandiose Narzissmus eher als die männliche Ausprägung, der depressive eher als die weibliche Form (Wardetzki 2007) in der Literatur zu finden ist.

Der *grandiose Narzissmus* entspricht eher der in der ICD-10 beschriebenen Ausprägung, die besonders von einer übertriebenen Vorstellung der eigenen Bedeutung und Größe gekennzeichnet ist. In der Literatur und der aktuellen Diskussion (Röhr 2005; Johnson 1988) finden sich zwei Hypothesen, wie diese übertriebene Vorstellung entstanden sein mag:

- Grandiosität als Reaktion auf emotionale Vernachlässigung: um der Kindheitserfahrung mangelnder emotionaler Resonanz und Abwertung zu entkommen, hat sich der grandios fühlende Narzisst ein ideales Größenselbst erschaffen, welches er anstelle seines eher minderwertig fühlenden und brüchigen Selbst zu leben bemüht ist. Die allgegenwärtige depressive narzisstische Seite soll überspielt und von anderen nicht erkannt werden.
- Grandiosität als Reaktion auf Überbewertung und übertriebene Kontrolle: der grandiose Narzisst hat in seiner Kindheit übertriebene Aufmerksamkeit und Überfürsorge durch seine Bezugspersonen erhalten, musste kaum Widerstände überwinden, wurde vor Frustrationen bewahrt und fand viele Bedürfnisse fast ungefragt erfüllt. Er stand also meist im Mittelpunkt und erwartet nun dass dies immer so weitergeht (Olesen 2016, S. 24).

Der *depressive Narzissmus* belegt hingegen den Pol der Minderwertigkeit. Seine Großartigkeit besteht im Ausmaß seiner selbst empfundenen Minderwertigkeit oder auch Selbstlosigkeit in all ihren Ausprägungen. Die Kindheitserfahrung mangelnder emotionaler Resonanz, häufig in Verbindung mit der Abwertung der ganzen Person, führte zu einer Vorstellung von Unbedeutsamkeit und Unfähigkeit. Der depressive Narzisst hat früh seine Bedürfnisse geopfert und sich seinen Bezugspersonen, aufgrund fehlender Wahlmöglichkeiten, angepasst, um überhaupt emotionale Reaktionen bzgl. seiner Person aus ihnen herauszulocken. Aufopferung hat er idealisiert. Im Aushalten auch der eigenen Wertlosigkeit liegt seine Großartigkeit. Durch seine Aufopferung betäubt er sein zutiefst verletztes, gestörtes selbst. Der depressive Narzisst zeigt ein übertriebenes Maß an Selbstverachtung bei gleichzeitiger Idealisierung der anderen (Olesen 2016, S. 27).

Aus dieser Gegenüberstellung wird deutlich, wie wunderbar eine eher depressiv narzisstisch veranlagte Persönlichkeit geeignet ist, den Gegenpart bei einer eher grandios narzisstisch veranlagten Persönlichkeit einzunehmen.

Es ist jedoch wichtig an dieser Stelle zu betonen, dass selten Menschen durchgehend narzisstisch sind, nicht einmal durchgehend grandios oder depressiv narzisstisch. Vielmehr ist der Mensch ein lebendiges und sich ständig anpassendes Lebewesen. Die meisten Menschen reagieren daher in Abhängigkeit von ihrem Umfeld eher grandios narzisstisch oder depressiv narzisstisch und manchmal dann auch wieder ganz „normal".

Frank Petermann erweitert in einem Aufsatz in der Zeitschrift *Gestalttherapie* die bestehenden psychoanalytischen Konzepte über narzisstische Störungen, indem er deren Phänomenologie als Interaktionsstruktur in Beziehungen beschreibt und ergänzt damit das Konzept der „narzisstischen Kollusion" wie es von Willi beschrieben wurde (Petermann 1988, S. 31ff.). Petermann geht vom Begriff des „expanded self" aus und baut darauf ein Erkennungsraster zur Selbst- und Fremddiagnose narzisstisch geprägter Beziehungsformen auf. Das „expanded self" stellt für ihn einen wesentlichen Aspekt der narzisstischen Persönlichkeit dar.

> » Jemand, der ein ‚expanded self' herstellt, hat eine grundsätzlich vereinnahmende innere Haltung seiner Umwelt gegenüber. Dies bedeutet, dass der andere nicht jemand sein darf, der von diesem Selbst getrennte Impulse, Bedürfnisse sowie Weltsichten hat. …
> Die Handlungen der anderen werden wie magisch vom narzisstischen ‚expanded self' so erlebt, als seien sie eigentlich die Folge der Intentionen des betreffenden Narzissten. …
> das ‚expanded self' stellt eine spezielle, gespaltene Form von Verbundenheit her: Es ist die Erweiterung des Selbst auf die Art und Weise, dass die Welt – insbesondere andere Menschen – einerseits bewusst außerhalb vom Selbst erlebt werden, jedoch andererseits unbewusst als Teil des Selbst gesehen werden. (Petermann 1988, S. 31)[3]

Nach Petermann kann man sich das „expanded self" wie das Schachbrett des Narzissten vorstellen, auf dem die Menschen aus seiner Umwelt Figuren darstellen, über die er verfügt.

Das „expanded self" hat die Funktion, eine narzisstische Charakterstruktur zu stabilisieren: Es schützt das Selbstwertgefühl des Betreffenden vor dem Erleben schwerer Einbrüche.

> » Das ‚expanded self' funktioniert also so: Wenn es mir gelingt, andere darin zu halten, gewinne ich Macht und werde in deren subjektivem Erleben größer. Durch polarisierende Kontrastwirkung gelingt dies umso mehr, je kleiner der andere wird. Der andere wiederum wird im gleichen Maße kleiner, da seine Impulse ständig durch fremde Definitionen überlagert werden und er so sein Gefühl für sich selbst verliert. … Meistens weist die Dynamik dieser Beziehung also eine einseitige Richtung, ein Gefälle auf: Der eine befindet sich im ‚expanded self' des anderen und ist gewissermaßen Empfänger gegenüber dem Sender. (Petermann 1988, S. 32)

Petermann nennt eine Reihe von Kriterien, die ein „expanded self" erkennen lassen. Es sind Aspekte, die je für sich genommen weder ungesund noch neurotisch sind und die erst in ihrer Häufung die Atmosphäre einer narzisstischen Beziehungsstruktur vermitteln. Die Kriterien seien

---

3   Ebenfalls interessant aus Gestalttherapeutischer Perspektive ist der dreiteilige Aufsatz von J. Müller-Ebert, M. Josewski, P. Dreitzel und B. Müller in der Zeitschrift *Gestalttherapie* 1988 über Narzissmus.

2.2 · Zur Phänomenologie – Was macht einen Narzissten aus?

nachfolgend zitiert (© Deutsche Vereinigung für Gestalttherapie e.V.), da sie geeignet sind, verborgene narzisstische Beziehungsdynamiken erkennbar werden zu lassen:

- **Woran kann ich bei mir selbst erkennen, dass ich mich im „expanded self" eines Anderen befinde?**

1. Mein Selbstwert geht zurück; dieser Prozess wird häufig durch meine Rationalisierungen verdeckt. Auch, wenn ich nicht so sehr dazu neige, mich zu vergleichen, wird solch ein Zug dennoch in mir aktiviert, und ich erlebe den anderen als größer, besser, fähiger und – wenn dieser in der Helferposition ist – als großzügiger und wohlmeinender als mich selbst.
2. Ich verliere meine Spontaneität. D. h. meine unmittelbaren Impulse, die ich in einer andersgearteten Beziehung leicht leben kann, spüre ich kaum noch.
3. Das neurotische Potenzial in meinem Verhalten nimmt zu. Ich verhalte mich nicht meinem gesunden Potenzial entsprechend, werde meinen Möglichkeiten nicht gerecht und fühle, dass dass das, was ich tue, ich eigentlich nicht will. Mein Verhaltenspotenzial wird eingeschränkt, meine Reaktionsbildungen nehmen zu.
4. Ich fühle mich mit meinem Bild von mir selbst und in mir selbst diffus unbehaglich und merke, wie ich anfange, einem fremden Bild von mir zu entsprechen. Ich beginne, die auf mich gerichteten Projektionen des anderen zu verkörpern.
5. Ich werde in der aktuellen Situation unempfindlich und blind gegenüber unverschämten, anmaßenden oder verletzenden Äußerungen meines Gegenübers, sehe diese vielleicht sogar rationalisierend im Sinne der offiziellen Intention des anderen in einem positiven Licht – und merke dies allenfalls hinterher, sozusagen „in der Beziehungspause".
6. Ich drücke meine diffusen, gestauten Konflikte durch Agieren aus, so, wie es meinem eigenen neurotischen Potenzial entspricht. Unter Agieren sind hier auch somatische Phänomene gemeint. Sie können von allgemeinen Stresserscheinungen, Kopfschmerzen, Übelkeit bis hin zu schweren Erkrankungen reichen, wenn das Ausmaß der narzisstischen Beziehungsstruktur sowie die eigene Disposition entsprechend gravierend sind.
7. Ich spüre, wie ich beeinflusst werde, jedoch mein Gegenüber nicht mit meinen wirklichen Impulsen beeinflussen kann. Es ist, als wäre mein Einfluss auf das Gegenüber bereits von diesem vorweggenommen, sofern überhaupt eine Zugänglichkeit besteht.
8. Ich tendiere dahin, mich anders zu verhalten, als ich es gewohnt bin, und fühle mich in solchen Kontakten diffus angestrengt.

- **Woran erkenne ich beim anderen, dass dieser ein „expanded self" mit mir herstellt?**

1. Je nach dessen Niveau, ob grob oder indirekt subtil, gibt der andere ein Bild von sich, welches einem Idealselbst entspricht. Dieses Bild kann so geschlossen und rund sein, dass es geeignet ist, idealisierende Faszination auszulösen. Es fehlen die Bruchstellen. Ich kann dies jedoch erst erkennen, wenn ich meine eigenen Idealisierungstendenzen kennengelernt und durchgearbeitet habe.
2. Der andere wird unangenehm, wenn ich seine Definition von mir zurückweise oder versuche, mich selbst zu definieren. In seinen Äußerungen ist eine unausgesprochene Forderung nach Übereinstimmung enthalten. Unangenehm kann hier heißen: Von der subtilen Manipulation, unerbetenem Psychologisieren, impliziter Entwertung bis hin zur offenen, bedrohlichen Handlung (Anschreien, Verlassen, „zur Sau machen"). In jedem Fall entsteht daraufhin eine schwer erklärbare und schwer auflösbare Spannung in der Beziehung.

3. Der andere belohnt mich, wenn ich bereit bin, sein idealisiertes Selbstbild zurückzuspiegeln. Die Beziehung entspannt sich, es entsteht Harmonie.
4. Der andere gibt Informationen über sich – sei es durch sein direktes Verhalten, seine Körpersprache oder durch indirekte Äußerungen –, die deutlich machen, wie sehr ihm an kontrollierender Macht sowie an seinem Bild von sich selbst liegt.

- **Woran erkenne ich bei mir, dass ich ein „expanded self" mit anderen herstelle?**
1. Meine Tendenz zu senden ist deutlich ausgeprägt; hingegen ist meine Bereitschaft und Fähigkeit zu empfangen gering entwickelt. Ich verspüre dann eine Art Unwilligkeit in mir, die entsteht, wenn andere mir gegenüber auf Sendung gehen. Diese Unwilligkeit kann sich verschieden äußern: einmal als scheinbares Empfangen, als „geduldiges" Zuhören, mit einer inneren Haltung von „ich lasse gewähren", oder ich begegne den Äußerungen des anderen so, dass ich sie sogleich im Sinne meiner Definition umdefiniere, sie gewissermaßen „richtigstellen" muss.
2. Meine Intention ist es zu beeinflussen. Jedoch scheue ich jeden Einfluss von außen, der nicht bereits innerhalb meiner Definition vorgesehen ist. Ich tendiere dahin, die anderen mit mir selbst zu „überrollen".
3. Mein Gefühl von mir selbst ist eines von Ausdehnung, , Genialität, „richtig sein" – was auch bedeuten kann: „Ich fühle mich im Recht" – und hoher Energie. Meine Mitmenschen bescheinigen mir dann mangelnde Selbstkritik. Ich fühle mich so, weil ich mich zunehmend mit meinem idealen Image verwechsle.
4. Dadurch verliere ich den Boden unter den Füßen. Es ist, als ob ich „abhebe". Wenn ich jedoch völlig mit meinem Idealselbst verschmolzen bin, kann ich dies nicht mehr wahrnehmen. Dem Verlust des „Bodens unter den Füßen" entspricht der Kontaktverlust zu meinem wirklichen Selbst sowie zu den wirklichen anderen.
5. Ich vermeide, von anderen überrascht und berührt zu werden. Wenn es dennoch geschieht, entwerte ich den anderen durch Rationalisieren und Umdefinieren („dies macht der/die ja nur, weil …"). Auch da, wo ich andere schlecht behandelt und Schuld auf mich geladen habe oder etwa im Unrecht bin, vermeide ich kunstfertig, mich zu schämen oder mich schuldig zu fühlen.
6. Ich fühle mich nach solchen Begegnungen, besonders, wenn ich nicht so stabil und bruchlos mit meinem Idealselbst verschmolzen bin, häufig innerlich hohl, erschöpft und einsam. Ich habe dann das Gefühl, dass mir etwas fehlt (Petermann 1988, 32f.).

Im Anschluss an dieses Erkennungsraster macht Petermann noch einige wichtige Ergänzungen. Er weist darauf hin, dass derjenige, der stets die Welt für sich und andere definieren muss, unter Umständen viele Kontakte hat, aber menschlich unernährt und einsam bleibt, da er sich nur innerhalb seiner eigenen Definition „berühren" lässt. Es ist, als würde er sich selbst berühren. In der Theorie der Gestalttherapie wird die narzisstische Störung daher als eine Störung der Konfluenz gesehen: „Der Narzisst fordert Konfluenz, ist jedoch selbst nur schwer in der Lage, Konfluenzangebote anderer Menschen anzunehmen".

Ferner weist Petermann daraufhin, dass irrtümlicherweise oft angenommen wird, dass nur der Aktive des „expanded self" narzisstisch gestört sei – vielmehr seien es beide. Der narzisstische Persönlichkeitsaspekt trete beim aktiven Hersteller nur auffälliger in den Vordergrund Beim passiven Hersteller erscheint er deshalb weniger zutage, weil er oder sie ihn stärker retroflektiert. Beide Teilnehmer an dieser narzisstischen Beziehungsdynamik weisen eine narzisstische Struktur in ihrer Persönlichkeit auf und müssen einen entsprechenden lebensgeschichtlichen Hintergrund aufweisen. Nach Petermann wird jemand, der gewohnheitsmäßig in der passiver

Rolle dieser Beziehungsdynamik ist, dieses Erleben per Projektion auch mit Menschen herstellen, die von sich aus wenig Bestrebung zeigen, ihn in die passive Rolle zu drängen. Er macht dann ein entsprechendes Übertragungsangebot und wird sehen, ob es angenommen oder verworfen wird. Für seine näheren Beziehungen sucht er sich jedoch sicherlich Menschen, die er ausgiebig bewundern kann. Für Petermann lassen sich somit zwei Gruppen von Narzissten unterscheiden: jene hoch zu Ross und deren Steigbügelhalter; oder Königin und Hofdame oder um mit Willi zu sprechen: Narzisst und Komplementär oder Co-Narzisst und mit Olesen: der grandiose und der depressive Narzisst. Für Petermann ist die dargestellte Beziehungsdynamik auch nicht auf eine Dyade beschränkt, sondern ebenso in Gruppen wirksam (ebd., S. 34).

2.2.4 Charakterhaltungen

Als *Charakterhaltungen* narzisstisch gestörter Menschen findet man häufig das schon von Freud beschriebene narzisstische *Anspruchsdenken*, dass einem wie selbstverständlich bestimmte Rechte und Privilegien einzuräumen sind sowie eine Haltung von Rechthaberei und Besserwisserei. Man erlebt eine unreflektierte Überheblichkeit, eine Überzeugung, immer im Recht zu sein, die auch durch eine differenziertere Meinung des Gegenübers kaum oder gar nicht zu überwinden ist. Sie wirken daher äußerst selbstgerecht. Psychoanalytiker sprechen von einer *narzisstischen Informationsverarbeitung*, wenn negative Eigenschaften überwiegend anderen Menschen unterstellt und positive Eigenschaften dem eigenen Selbst zugesprochen werden, um das fragile Selbstbild zu schützen. Dies führt außerdem zu einer Verzerrung der Realität.

Phantasien von Omnipotenz sind bei narzisstischen Persönlichkeitsstörungen häufig zu finden. Dabei spielt die allzu frühe Unterbrechung kindlicher Grandiosität und Selbstbehauptung eine entscheidende Rolle. Je gravierender die Auswirkungen kindlicher Traumatisierungen waren, desto intensiver hat sich das Kind in kompensierende Größenphantasien geflüchtet, die im späteren Leben einerseits zur Stützung des Selbstwertgefühls dringend benötigt werden, andererseits aber als quälender Perfektionsanspruch auftreten kann (Mertens 2005, S. 158). Die Kehrseite der Größenphantasie ist die Selbstverachtung, die sich bei narzisstisch gestörten Personen häufig antreffen lässt – auch wenn sie aufgrund eines selbstsicher wirkenden Auftretens nur selten von Außenstehenden wahrgenommen werden kann.

2.3 Unterscheidung zwischen einem gesunden und einem pathologischen Narzissmus

Das Spektrum, in dem sich Narzissmus realisieren kann, ist breit angelegt. Er kann dabei Formen annehmen, die entweder klinisch unauffällig sind (weil sie im Bereich des Gesunden liegen) oder aber klinisch auffällig (weil sie bereits in den Bereich des Krankhaften fallen). In der jüngsten Diskussion zu diesem Spektrum plädiert Malkin dafür, dass Narzissmus nicht in Begriffen von ganz oder gar nicht zu sehen ist, sondern in einer Linie, die in Stufen von 1 bis 10 unterteilt ist. Dabei stehen für ihn die steigenden Zahlen für ein zunehmendes Bedürfnis, sich als etwas Besonderes zu fühlen (Malkin 2016).

Wobei zu beachten gilt, dass Verschiebungen der diagnostischen Maßstäbe im historischen Progress regelmäßig auftreten. Gegenwärtig finden Diskussionen statt, ob die Diagnose „Narzissmus" gänzlich aus dem DSM genommen wird, da sich narzisstische Verhaltensweise nicht als Störung darstellen, sondern vielmehr als die beste mögliche gesellschaftliche Anpassung betrachtet werden können. Für die narzisstische Persönlichkeitsstörung gilt, dass sie auf extremere

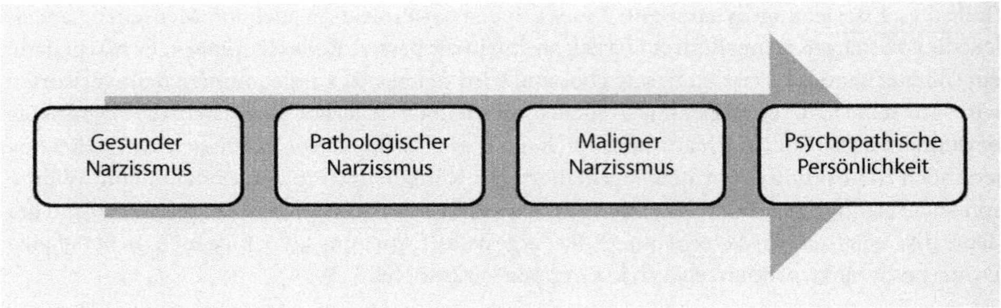

Abb. 2.2 Das Spektrum des Narzissmus. (Aus Schneck 2013, © 2012 EHP - Verlag Andreas Kohlhage. Abdruck mit freundlicher Genehmigung durch den Verlag. All Rights reserved. This includes reproduction and transmissions in any form or by any means without permission in writing from the publisher.)

[Abbildung: Pfeil mit vier Kästen: Gesunder Narzissmus → Pathologischer Narzissmus → Maligner Narzissmus → Psychopathische Persönlichkeit]

Varianten des Narzissmus beschränkt wird. Gemeinsam ist den meisten Aussagen über dieses Spektrum, dass es von einem gesunden über einen pathologischen bis hin zu einem malignen Narzissmus reicht, der dann in psychopathische und antisoziale Persönlichkeitsstörungen übergeht. Die nachfolgende ▶ Abb. 2.2 verdeutlicht dieses Spektrum.

Mertens beschreibt die „gesund narzisstische" oder eine wirklich selbstbewusste Persönlichkeit als jemand, der selbstbewusst und selbstsicher auftreten kann, der es liebt, gelegentlich auch im Mittelpunkt zu stehen und keine übermäßige Scheu davor empfindet, von sich selbst zu sprechen. Weil er andere mitreißen kann, arbeiten diese auch gern mit ihm zusammen, ohne sich übergangen oder ausgebeutet zu fühlen. Seine Talente und Begabungen, vor allem auch sein unerschütterliches Überzeugt-Sein von der Sinnhaftigkeit seiner Ziele und Visionen, lassen ihn viele Projekte realisieren, wobei ihm weniger die Bewunderung seiner Mitmenschen wichtig ist, als vielmehr die Realisierung seiner Ideen und Vorhaben; aber auch die Freude über eine Anerkennung braucht nicht geleugnet werden. Vielleicht noch wichtiger als der Erfolg in der äußeren Welt ist der gesunden narzisstischen Persönlichkeit aber die Pflege zwischenmenschlicher Beziehungen; dass sich andere Menschen in seiner Nähe wohl fühlen und ebenfalls ein gutes Selbstwertgefühl entwickeln können, gehört zu seinem Hauptanliegen (Mertens 2005, S. 182).

Für den Psychoanalytiker Hans-Jürgen Wirth kennt der gesunde narzisstische Mensch zwar auch Schwankungen des Selbstwertgefühls, doch kann die Person zwischen den Polen Selbstkritik und Selbstzufriedenheit je nach Situation oszillieren, ohne dabei in das Extrem der Selbsterniedrigung oder das der Selbstüberhöhung zu verfallen. Vor allem findet sich bei Menschen mit einem gesunden Narzissmus keine Spaltung in einen total entwerteten und einen total idealisierten Persönlichkeitsanteil. Die narzisstisch gesunde Persönlichkeit kann sich selbst kritisieren und auch Kritik anderer ertragen, ohne ihr Selbstwertgefühl grundsätzlich infrage stellen zu müssen (Wirth 2002, S. 73).

Olesen (2016, S. 41) vertritt den Standpunkt, dass der Begriff Narzissmus eigentlich die Liebe meint, die sich auf ein Bild vom Ich richtet und nicht auf den authentischen Kern des Ich. Daher scheint für sie der Begriff Narzissmus für die gesunde Liebe des eigenen Selbst nicht gut geeignet. Sie zweifelt sogar, ob es „gesunden Narzissmus" überhaupt geben kann.

Für Lohmer, ebenfalls ein bekannter Psychoanalytiker, bewegt sich Narzissmus auf einem Kontinuum von normal über pathologisch bis zu einem malignen Narzissmus. Am Ende dieser letzten Kategorie sieht er den Übergang zur antisozialen und zur psychopathischen Persönlichkeit. Beim normalen Narzissmus existiert für ihn ein intaktes ausgewogenes inneres Selbstbild. Am Übergang zum pathologischen Narzissmus findet man aufgrund vorhandener Minderwertigkeitsgefühle kompensierende Funktionen. Erfolge und Macht kompensieren narzisstische

2.3 · Unterscheidung zwischen einem gesunden und einem pathologischen Narzissmus

Defizite. Beim pathologischen Narzissmus sind jedoch noch (Selbst)Reflexionsfähigkeiten und Realitätsbezug vorhanden. Die Person lässt andere Meinungen gelten. Allerdings liegen hier schon eine hohe Kränkbarkeit und Schwierigkeiten vor, längerfristige Beziehungen aufrecht zu erhalten. Beim malignen Narzissmus besteht für ihn eine stärkere Über-Ich-Pathologie. Das Über-Ich ist durch Aggression infiltriert. Die Aggression spielt eine größere Rolle und die Manipulation anderer Menschen wird als lustvoll erlebt. Andere Meinungen können kaum ertragen werden. „Wer nicht für mich ist, ist gegen mich". Es herrscht eine platte Schwarzweiß-Mentalität. Der Realitätsverlust geschieht früher und ist größer. Bei der psychopathischen Persönlichkeit liegt für Lohmer ein massiver Über-Ich-Defekt vor. Es besteht Angstfreiheit vor Risiken, auch wenn sie die eigene Person betreffen. Diese Personen besitzen enorme Fähigkeiten zu manipulieren (aus einem persönlich geführten Interview, vgl. Schneck 2012a, S. 466).

Für diejenigen unter den Lesern, die noch mehr an der Diagnostik interessiert sind, sei nachfolgend noch ein Klassifikationsmodell der Persönlichkeitsstörungen (▶ Abb. 2.3) dargestellt, in deren Mittelpunkt die Schwere der Persönlichkeitsstörung steht. Es wurde 1996 von Kernberg veröffentlicht. Als Abstufungen nach der Schwere der Störungen von leicht nach schwer nennt er die neurotische Persönlichkeitsorganisation, die Borderline-Persönlichkeitsorganisation und letztlich die psychotische Persönlichkeitsorganisation. Diese Organisationstypen von Neurose über Borderline-Zustand und Psychose unterscheiden sich nach Kernberg in den dominierenden

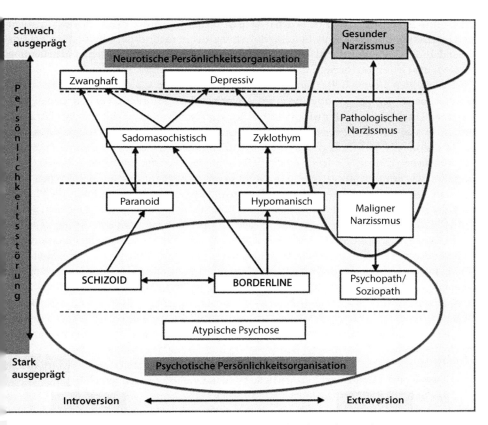

Abb. 2.3 Beziehungsgefüge der Persönlichkeitsstörungen. (Mod. nach Kernberg und Hartmann 2006, S. 22, ourtesy of Schattauer)

Persönlichkeitsmerkmalen, insbesondere im Grad der Identitätsintegration, in den Typen der angewandten Abwehrmechanismen und der Fähigkeit der Realitätsprüfung. Auf der vertikalen Achse unterscheidet Kernberg nach den Persönlichkeitseigenschaften der Introversion vs. Extraversion. Den Begriffen nach bezeichnet Introversion eine nach innen, Extraversion eine nach außen gewandte Haltung. Die Begriffe Introversion und Extraversion wurden von C. G. Jung (1921) in die Persönlichkeitspsychologie eingeführt. Sie wurden von ihm als gegensätzliche Wesensarten der Wahrnehmung, des Denkens und Fühlens sowie der Intuition beschrieben, wonach die meisten Personen eher zu der einen oder der anderen Haltung neigen. Die Skala aus Extraversion und Introversion ist Kernbestandteil des Fünf-Faktoren-Modells (s. auch Big Five in ▶ Kap. 4), das heute als Standardmodell zur Beschreibung von Persönlichkeitseigenschaften gilt.

Es ist hoffentlich deutlich geworden, dass Narzissmus als Konstrukt viele verschiedene Ausprägungen der Erlebens- und Verhaltensweisen hat und in verschiedenen Schweregraden auftreten kann. Es stellt sich daher die Frage nach der Entstehung narzisstischer Verhaltensweisen.

2.4 Entwicklungstheorien des Narzissmus

Historisch betrachtet entstammen die ersten und meisten Theorien zur Entstehung von Narzissmus aus der Psychoanalyse. Es gibt eine Vielzahl an psychoanalytischen und tiefenpsychologischen Entwicklungstheorien zum Narzissmus und eine lange und umfassende Diskussion um diese Entwicklungstheorien. Erst in den letzten ca. 50 Jahren wurden diese Entwicklungstheorien ergänzt um Ansätze aus der Bindungsforschung, der humanistischen Psychotherapie (insbesondere der Gestalttherapie, der Körpertherapie und systemischen Ansätzen) und neuerdings auch aus der Gehirnforschung.

Den meisten dieser psychoanalytischen Theorien ist gemein, dass sie ein tiefes Verständnis der Psychoanalyse, ihrer Theorie und ihrer Fachterminologie erfordern. Verfolgt man den historischen Diskurs über die Entwicklungstheorien zum Narzissmus, so fällt auf, dass fast alle in der Psychoanalyse diskutierten metapsychologischen Konstrukte in diesem Diskurs auftauchen.

In historischer Reihenfolge mit Ihren prominentesten Vertretern können die *Trieb- und Strukturtheorie (Freud)*, die *Ich-Psychologie (Hartmann)*, die *Objektbeziehungstheorie (Kernberg)* und die *Selbstpsychologie (Kohut)* genannt werden. Durch die Öffnung der Psychoanalyse zu ihren Nachbardisziplinen wie Entwicklungspsychologie, Säuglingsforschung, die Philosophie, die Sozialpsychologie und die System- und Kommunikationstheorie entstanden weitere Entwicklungstheorien, wie z. B. die *interpersonellen und intersubjektiven Entwicklungstheorien*.

Einen Versuch, all die psychoanalytischen Schulen und interdisziplinären Herausforderungen insbesondere der Säuglingsforschung zu integrieren, unternimmt Altmeyer in seinem Modell des Narzissmus zwischen Selbst und Objekt, einer intersubjektiven, relationalen und interpersonellen Neuinterpretation des Narzissmus (Altmeyer 2000, S. 226ff; 2003, S. 43ff; 2006, S. 86). Für Altmeyer ist Narzissmus nicht einfach Selbstliebe; er kann – so sein Vorschlag – als ein über das Objekt (die Bezugspersonen, Anmerkung des Autors) vermittelter Blick auf das Selbst verstanden werden.

Die konstitutive Funktion des Objekts (Bezugsperson, Mutter) äußert sich für ihn ursprünglich in der umfassenden somatotypischen Versorgung des hilflosen Säuglings, wandelt sich allmählich zu einer Spiegelfunktion für das entstehende Selbst und setzt sich in dessen Struktur als identitätsbildendes Gefühl von Einzigartigkeit und individueller Besonderheit fest.

Im gelungenen Fall einer „gesunden" narzisstischen Entwicklung ist die internalisierte Fürsorgebeziehung gewissermaßen unsichtbar: Es gehört zur selbstverständlichen seelischen Grundausstattung des Selbst und reguliert die innere Balance leise und unauffällig. In einem solchen gelungenen Fall handelt es sich um einen gesunden Narzissmus, wie er oben beschrieben wurde.

Die narzisstische Störung versteht Altmeyer als Bewältigungsversuch, bei dem das Gefühl fehlender intersubjektiver Anerkennung (nicht ausreichende somatotypische Versorgung, fehlende emotionale Resonanz, fehlende liebevolle elterliche Spiegelung) im Zentrum unbewusster Phantasien steht und zu kompensatorischen Erlebnis- und Verhaltensweisen führt. Die Symptome dieser Störung haben für ihn eine reparative Funktion und dienen in vielfältigen Erscheinungsformen dem Versuch, von anderen wahrgenommen und anerkannt zu werden.

Die narzisstische Störung zeichnet sich durch ein irritiertes oder fehlendes Grundgefühl intersubjektiver Anerkennung aus (Altmeyer 2006, S. 90).

Der relativ hilflose Säugling ist nach Ansicht von Altmeyer zunächst in einem elementaren Sinne von Pflege und Versorgung abhängig. Aber von Geburt an besteht er darauf, Rückmeldungen für seine Lebensäußerungen zu erhalten – und zwar nicht nur auf seine unmittelbaren Existenzbedürfnisse, wie Nahrung, Wärme und Sicherheit, sondern auch als Rückmeldungen auf seine Aktivitäten. Er benötigt signifikante Reaktionen seiner Bezugspersonen im Sinne einer Bestätigung, eines Echos oder einer Spiegelung. Dieses Bedürfnis nach Reflektion im Anderen – so Altmeyer – bleibt dem (werdenden) Subjekt lebenslang erhalten. Der Wunsch nach intersubjektiver Anerkennung gehört seiner Meinung nach zu unserer mentalen Grundausstattung (Altmeyer 2010, S. 18).

Die beiden oben genannten Ausgangssituationen – ein überfürsorgliches Umfeld (grandioser Narzissmus) bzw. ein Umfeld in dem die Bezugspersonen ihr Kind kaum beachtet haben (depressiver Narzissmus) – scheinen oberflächlich betrachtet unterschiedlich zu sein. Im Kern zeigen sie jedoch eine verhängnisvolle Parallele: In beiden Situationen erfuhr der Heranwachsende keine wirkliche emotionale Resonanz auf sein wahres Selbst und konnte sich daher nicht oder zumindest nicht ungestört entwickeln. Es mangelt ihm in hohem Maße an der Erfahrung, *bedingungslos um seiner selbst willen geliebt zu sein.* Die Aufmerksamkeit, war an Bedingungen geknüpft, er musste auf eine besondere Weise „sein". Diese besondere Weise des „Seins" ist das was z. B. Olesen „die Maske" nennt. Das Drama bzw. das Dilemma des Narzissten besteht darin, dass er ständig versucht, durch noch mehr Anpassung an seine Umwelt endlich die Anerkennung und Spiegelung zu bekommen, die er nie bekommen hat. Letztlich ist es aber nur „mehr vom Selben" und macht die narzisstische Persönlichkeit nicht satt. Vielmehr geht es darum (auch im Coaching), sich diesem Drama und dieser Selbstentfremdung wieder bewusst zu werden und dadurch Zugang zum wirklichen und authentischen Selbst zu bekommen. Es bedarf daher auch einer neuen Beziehungserfahrung, in dem das auftauchende authentische Selbst die nie erhaltene Aufmerksamkeit, Spiegelung und emotionale Resonanz erfährt.

2.5 Behandlung einer narzisstisch gestörten Persönlichkeit

Es kann in diesem Buch kein vollständiges Bild der Behandlung einer narzisstisch gestörten Persönlichkeit erarbeitet werden. Vielmehr sollen die Aspekte der Behandlung herausgegriffen werden, die für eine Integration in einen Management-Coaching-Prozess Relevanz besitzen. Aufgrund des begrenzten Platzes wird den tiefenpsychologisch-analytischen und humanistischen Verfahren dabei der Vorrang gegeben.

Beim Thema Behandlung einer narzisstisch gestörten Persönlichkeit bzw. einer Narzisstischen Persönlichkeitsstörung ist grundsätzlich zu berücksichtigen, was Johannes Cremerius (1979, S. 12f.) feststellte: In einer Studie über „Die psychoanalytische Behandlung der Reichen und der Mächtigen" suchte er eine Antwort auf die Frage, warum Patienten in hohen politischen und wirtschaftlichen Machtpositionen sich nur ganz ausnahmsweise einer psychoanalytischen Behandlung unterziehen. Er kommt zu dem Ergebnis, dass es den Reichen und Mächtigen aufgrund ihrer privilegierten Lage und ihres gesellschaftlichen Einflusses möglich ist, ihre Neurosen derart in gesellschaftlich akzeptierten Formen unterzubringen, dass sie nicht als krankhafte Störungen bemerkt werden und sie damit nicht unter ihnen leiden müssen. Der Mächtige lebt seine neurotischen Bedürfnisse ungehindert in der Realität aus – anstatt Leidensdruck zu entwickeln, agiert er.

Trotz dieser berechtigten Feststellung von Cremerius haben wir es in der Therapie, im Coaching oder in der Beratung einer Person mit narzisstischen Verhaltensdispositionen mit einem Menschen zu tun, der, so glänzend und erfolgreich er auch erscheinen mag, in seinem inneren Erleben verarmt ist.

Für Johnson (1988, S. 84f.) ist es ein therapeutisches Leitziel bei der narzisstischen Persönlichkeit die *Steigerung der Selbstbewusstheit* des aufgeblähten falschen Selbst, des nicht ich-gerechten symptomatischen Selbst und des darunter verborgenen, wenn auch geschwächten waren Selbst. Dementsprechend sind die therapeutischen Ziele beim narzisstischen Patienten für ihn:
1. die Kompensation für das Erleben der Wirklichkeit abzubauen,
2. dem Patienten beim Erleben der schmerzhaften, aber wahren verschütteten Realitäten seines Selbst zu helfen und
3. die Entdeckung und Entwicklung seines wahren Selbst zu unterstützen und zu stärken.

Eine erfolgreiche Therapie beinhaltet für ihn eine fundamentale Reifung der Persönlichkeit, die zur Entwicklung von Kreativität und der Fähigkeit zur Einfühlung, zur Akzeptanz der Vergänglichkeit sowie zu einem Sinn für Humor und zu Weisheit führt. Den Narzissen zu heilen beinhaltet ein Heranreifen des Individuums.

Als kognitive Zielsetzungen für die Behandlung des narzisstischen Klienten nennt Johnson (1988, S. 88f.):
- Aufdecken von Selbstaussagen über die Wertlosigkeit, Selbstkritik, Trägheit, Depression, Einsamkeit etc.
- Aufdecken von Selbstaussagen über die Leistungsbezogenheit und Grandiosität, den Stolz und das Anspruchsdenken, die Manipulation sowie die Rationalisierung dieser Eigenschaften.
- Aufdecken der Abwehrfunktionen des falschen und symptomatischen Selbst.
- Unterstützen des Klienten bei der Entwicklung eines historischen und dynamischen Verständnisses von sich selbst in Bezug auf seine Gefühle der Lehre und Hohlheit und seine Gefühle der Wut und tiefen Verletzlichkeit.
- Unterstützung des Klienten bei der Herstellung eines Verständnisses für den Prozess der Entdeckung und Entwicklung des wahren Selbst durch die Äußerung seiner angeborenen Fähigkeiten, Ambitionen und Ideale.
- Unterstützung bei einer realistischen Einschätzung der Fähigkeiten, Kräfte und Leistungen des Klienten.
- Unterstützung bei einer realistischen Einschätzung der Grenzen, Schwächen und Verletzlichkeit des Klienten.

Als wesentliche affektive Ziele bei der Behandlung der narzisstischen Persönlichkeit nennt Johnson (1988, S. 89f.) das Betrauern der Kränkung und des Verlustes ihres Selbst. Ferner muss der Klient im Laufe des therapeutischen Prozesses die verleugneten Anteile seines aufgeblähten falschen Selbst einschließlich der Gefühle von Überlegenheit, Anspruch, Stolz, des Ekels vor anderen etc. bloßlegen. Sobald die grandiosen Elemente des falschen Selbst aufgedeckt sind, muss dem Patienten geholfen werden, mit der Panik fertig zu werden, die entsteht, wenn die Kompromisse des falschen Selbst aufgegeben werden. Diesem dann entstehenden Vakuum ins Auge zu sehen, erfordert Mut und eine therapeutische Beziehung von beträchtlichem Vertrauen. Die Person mit narzisstischen Verhaltensdispositionen braucht vor allem Verständnis.

2.5 · Behandlung einer narzisstisch gestörten Persönlichkeit

Johnson (1988, S. 92f.) nennt als letztes noch Ziele für das Sozialverhalten. Für ihn ist es wichtig, jene Verhaltensstrategien und sozialen Unterstützungsquellen zu fördern, die dem Klienten bei seiner sehr grundlegenden und deshalb sehr bedrohlichen Veränderung seiner ganzen Seins-Weise beistehen können. Die meisten Menschen mit narzisstischer Disposition sind in einer sehr bedeutsamen Weise isoliert. Es besteht ein Mangel an echten Kontakten mit einer realen menschlichen Gemeinschaft. Daher gilt es einzuüben, anderen gegenüber Einfühlung, Wertschätzung und Verständnis zu bekunden und aufrechtzuerhalten. Oftmals ist es notwendig, ihm zu helfen, ein soziales Netz aufzubauen und zu pflegen, das ihm wirklich hilft sich selbst zu finden, statt bloß sein grandioses, falsches Selbst mit den damit verknüpften Leistungen und Symbolen zu spiegeln. Wenn er Menschen findet, die ihn wirklich gern haben, die seine Vorzüge und Verletzlichkeit sehen und akzeptieren, die ihm die Unterstützung geben können, die er braucht, dann wird er große Fortschritte machen. Allerdings wird es auch häufig Fehlschläge und Frustrationen geben, bis die Person mit narzisstischen Verhaltensdispositionen auf dem richtigen Weg seiner eigenen Reifung und Heilung angelangt ist.

Diesem tiefenpsychologisch-humanistischen Vorgehen von Johnson bei der Behandlung von Menschen mit einer narzisstischen Verhaltensdisposition seien noch zwei Vorgehensweisen aus psychoanalytischer Perspektive hinzugefügt.

Für *Kohut* sind überhaupt nur zwei Formen primärer Störungen des Selbst[4] analysierbar, *die narzisstischen Persönlichkeitsstörungen* und *die narzisstischen Verhaltensstörungen*. Bei diesen beiden Formen der Psychopathologie tritt der erkrankte Sektor des Selbst spontan in begrenzte Übertragungsvereinbarungen mit dem Selbst-Objekt-Analytiker ein und die Durcharbeitungsaktivitäten, die diese Übertragungen betreffen, bilden für ihn das eigentlich Zentrum des analytischen Prozesses (Kohut 1977, S. 167). Wenn der Analytiker bereit ist, sich empathisch auf den Analysanden einzustellen, werden sich nach Kohuts Verständnis narzisstische Übertragungen einstellen. Er war der Ansicht, dass der Patient den Analytiker dazu benutzt, ein Gefühl der Selbstkohäsion aufrechtzuerhalten. Kohut entdeckte bei seiner therapeutischen Arbeit mit narzisstischen Persönlichkeits- und Verhaltensstörungen drei Arten spezifischer Selbstobjektübertragungen:

1. *Die Spiegelübertragung.* In dieser Selbstobjektübertragung sah Kohut den Versuch des Patienten, den Glanz in den Augen der Mutter zu erhaschen. In seinem Bemühen, sich vor dem Analytiker zu produzieren, versucht der Analysand, den Analytiker zu beeindrucken und sich seiner Bewunderung zu versichern.
2. *Die idealisierende Übertragung.* In dieser Selbstobjektübertragung werden dem Analytiker überzogene und nahezu perfekte Qualitäten zugeschrieben, was dem Patienten ein Gefühl der Selbstkohäsion verleiht, in dem er sich im Schatten des idealisierten Objekts bewegt.
3. *Die Zwillingsübertragung bzw. Alter-Ego-Übertragung.* In dieser Selbstobjektübertragung nimmt der Analysand den Analytiker als Zwilling oder Alter-Ego war. Das Gefühl von Gleichheit und Brüderlichkeit vermittelt dem Patienten Selbstkohäsion (Gabbard 2006, S. 694f.).

Die Entwicklung einer dieser drei Übertragungsformen – oder aller drei in einer besonderen Reihenfolge – macht die Behandlung primärer Selbstpathologien nach Ansicht von Kohut möglich.

Der wichtigste Aspekt bei der psychoanalytischen Behandlung narzisstischer Persönlichkeiten ist für *Kernberg* hingegen die systematische Analyse des *pathologisch grandiosen Selbst*, das sich in der Übertragung durchgängig zeigt (Kernberg 2006b, S. 249f.). Ein zentrales Problem narzisstischer Patienten liegt für ihn in ihrer Unfähigkeit, vom Therapeuten abhängig zu sein, da sie dies

---

[4] Kohut unterscheidet primäre und sekundäre Störungen. Wobei die sekundären Störungen die akuten und chronischen Reaktionen eines konsolidierten, sicher etablierten Selbst auf die Wechselfälle der Lebenserfahrungen darstellen. Vgl. Kohut (1977), S. 166.

als demütigend erleben. Im Bemühen, sich gegen diese Abhängigkeit zu schützen, reagieren sie nach Ansicht von Kernberg mit dem Versuch omnipotenter Kontrolle der Behandlung. An die Stelle emotionaler Reflexion und möglicher Integration der Interventionen des Therapeuten tritt der Versuch der Selbstanalyse und der intellektuellen Aneignung der Deutungen. Narzisstische Patienten rivalisieren außerordentlich mit dem Therapeuten. Misstrauisch registrieren sie, was sie als gleichgültiges oder missbräuchliches Verhalten ihnen gegenüber wahrzunehmen meinen, und sie vermögen den Therapeuten spontan nicht als jemanden zu erleben, der interessiert und ehrlich besorgt um sie ist, sondern müssen ihn aus genau diesem Grund entwerten und verachten (Kernberg 2006a, S. 708f.).

Für Kernberg ist es notwendig, das Übertragungsmuster ebenso wie die primitiven Abwehrmechanismen, die in dessen Dienst stehen, zu deuten. Der Analytiker sollte den Ausdruck omnipotenter Kontrolle, den Einsatz von Wutreaktionen, die Entwertung des Analytikers und seiner Kommentare und die negativen Reaktionen, die folgen, wenn der Patient den Analytiker als wirklich hilfreich erlebt, respektieren. Die Bemühungen des Analytikers den Patienten zu einem Verständnis für die Übertragung zu verhelfen und nicht seine Erwartungen nach Bewunderung und Bestätigung des grandiosen Selbst zu erfüllen, provozieren in der Regel Ärger, Wut oder eine plötzliche Entwertung des Analytikers. Hinter der Aktivierung narzisstischer Wut verbirgt sich die Aktivierung spezifischer, primitiver, unbewusst internalisierter Objektbeziehungen aus der Vergangenheit (Kernberg 2005a, S. 251ff.).

Nach einer systematischen Untersuchung der Abwehrfunktionen des pathologischen Selbst in der Übertragung, die nach Ansicht von Kernberg einige Jahre dauern kann, kann eine Phase erreicht werden, in der das grandiose Selbst sich in seine Einzelteile auflöst.

Altmeyer gibt noch einige sehr interessante Hinweise zur Bedeutung der analytischen Situation, die auch für ein Management-Coaching unter Berücksichtigung narzisstischer Phänomene von großer Relevanz ist. Für Altmeyer wiederholen sich in der analytischen Situation die frühesten Erfahrungen des Gespiegeltwerdens: Aus der Mutter-Kind-Dyade bzw. aus der therapeutischen Dyade, aus einer kreativen Zweierbeziehung taucht etwas Drittes auf, das vorher noch nicht da war.

Der „homo postanalyticus" wäre jemand, der die Perspektive des Analytikers übernommen hat und neugeboren ein Leben nach der Analyse aufnimmt. Eine erfolgreiche Psychoanalyse ende damit, dass der Patient das Verstörende der Deutung, die für ihn zunächst eine Missachtung seiner eigenen Sicht bedeutet, schließlich unter Schmerzen als das entfremdete Eigene in Gestalt einer neuen Sicht anerkennen kann, die ihn erst zum Subjekt macht. Wer sich als Patient einer Psychoanalyse unterzieht, setzt sich der Anstrengung aus, in der Beziehung zum Therapeuten und im Spiegel von dessen Deutung sein Selbstbild zu verändern. Der Dritte ist der reflektierende Analytiker und das Dritte ist das in diesem Spiegel sich verändernde „Subjekt der Analyse", das durch den psychoanalytischen Prozess einen anderen Blick auf sich gewonnen hat (Altmeyer 2003, S. 259f.).

Nach Altmeyer ist der Analytiker kein anonymer, passiver, objektiver Teil der therapeutischen Interaktion – denn auf einer weißen Leinwand kann sich keiner erkennen. Für ihn ist der spiegelnde Analytiker ein höchst lebendiger, aktiver und subjektiver Teilnehmer an einem Prozess in dem der Analysand in seinen Übertragungen alte Bilder von sich und seiner Beziehung zur Umwelt entwirft, die in der therapeutischen Reflexion neu betrachtet und verändert werden können. Es handelt sich für ihn in der Psychoanalyse daher um eine Zwei-Personen-Psychologie nur einer Person. Für Altmeyer steht nicht mehr der intrapsychische Konflikt des Patienten, den der Therapeut qua Deutung aufzulösen hat, im Mittelpunkt der psychotherapeutischen Situation sondern die Beziehung zwischen Patient und Therapeut, in der sich das problematische Verhältnis des Patienten zur Welt und zu sich selbst entfaltet, ist das Zentrum dieser besonderen Form der Beziehung. In der Dynamik von Übertragung und Gegenübertragung sowie in den vielfältigen Handlungen, die den therapeutischen Prozess begleiten, werden die Beziehungsangebote des Patienten deutlich, die gemeinsam mit ihm zu bearbeiten sind. Zwar bleibt für Altmeyer die psychotherapeutische Beziehung auch in dieser Neujustierung asymmetrisch, weil Analytiker und Analysand nach wie vor in unterschiedlichen Rollen am therapeutischen Prozess beteiligt sind. Sie bekommt aber eine egalitäre Färbung, weil sich der Analytiker mehr im „Hier und Jetzt" bewegt und stärker als Person, als emotional engagierter und mitfühlender Teilnehmer zu erkennen gibt (Altmeyer 2010, S. 19f.). Dieses von Altmeyer beschriebene Beziehungsgeschehen, findet genauso auch im Management-Coaching statt, entscheidet ist nur, inwiefern dieses Beziehungsgeschehen wahrgenommen bzw. thematisiert wird (vgl. dazu die Ausführungen in ▸ Kap. 4).

2.6 Narzissmus als gesellschaftliches Phänomen

Für ein Management-Coaching unter Berücksichtigung narzisstischer Phänomene ist es unbedingt erforderlich, Narzissmus nicht nur als ein individualpsychologisches und klinisches Phänomen zu betrachten, sondern auch die gesellschaftliche Dimension zu berücksichtigen. Karin Horney (1937) hat in ihrem ersten Buch schon 1937 erstmalig in der Tiefenpsychologie auf die Entstehung der Neurosen als Ergebnis soziologischer Faktoren hingewiesen. Sie macht deutlich, welche gravierenden kulturellen Folgen die weite Verbreitung der Neurosen hat und wie sehr sie die menschliche Gesellschaft prägen.

Erich Fromm, der von 1930–1939 als Leiter der sozialpsychologischen Abteilung für das Frankfurter Institut für Sozialforschung tätig war, beschreibt als einer der ersten den Einfluss der Gesellschaft auf das Individuum. Fromm war damit ein Vorläufer der Vertreter der Kritischen Theorie wie Adorno, Horkheimer und Marcuse. Sowohl die Vertreter der Kritischen Theorie (Frankfurter Schule), die sich in Deutschland vor und nach dem Zweiten Weltkrieg etabliert hat, wie auch Christopher Lasch, der für die Verbreitung der sozialphilosophischen und sozialpsychologischen Theorien in Nordamerika sorgte, sprechen von einer immer stärker um sich greifenden Selbstsucht und Entwurzelung in unserer Gesellschaft. Dies führe dazu, dass äußerer Schein mit anhaltender Kreativität und geistigem Engagement verwechselt werde, wie auch blinde Gefolgschaft gegenüber den Zwängen politischer und bürokratischer Organisationen mit individueller Moral sowie oberflächliche Kontakte mit genuiner Intimität. Dies wird von den genannten Autoren auf verschiedene gesellschaftliche und kulturelle Veränderungen zurückgeführt, die ihrerseits auch einen Wandel innerhalb der Familienstruktur und des Sozialisationsprozesses mit einschließen:

- Zunehmende Bürokratisierung, die bis in die Sphäre des Privatlebens reicht und Eigeninitiative und Selbstfürsorge erstickt,
- Konsumbesessenheit und die Neigung, alles mit zu verändern, inklusive menschlicher Erfahrungen,
- Überflutung durch Medienbilder, die stereotype Darstellung mit genuiner Individualität und menschlicher Komplexität verwechseln.

Die Vertreter der Frankfurter Schule sehen die narzisstische Problematik als innerpsychischen Kristallisationspunkt gesellschaftlicher Prozesse. Jede Gesellschaft organisiere Triebregungen und Beziehungswünsche, die das Fundament individueller Persönlichkeit und Identität darstellen, in Form charakteristischer Muster, die wiederum bestimmte Charaktertypen konstituieren. Horkheimer, Adorno und auch Lasch führen das Auftauchen des Narzissmus als dominanten Charakterzug und die Ausweitung der Narzisstischen Persönlichkeitsstörung als vorherrschende

Psychopathologie auf den Zusammenbruch väterlicher Autorität und die Verwässerung mütterlicher Fürsorge im Zuge veränderter familiärer Strukturen und ökonomischer Produktionsprozesse zurück. Die Übernahme elterlicher Funktionen durch Medien, Schule und Sozialeinrichtungen führten zu einer Verwässerung elterlicher Autorität und schwächten die Bildung starker psychischer Identifizierungen der Kinder mit ihren Eltern. Die Autorität und Autonomie der Väter werde durch die Trivialisierung ihrer Rolle im Produktionsprozess unterminiert, die Fürsorge der Mütter durch den Mangel an gesellschaftlicher Anerkennung ihrer Rolle als Trägerin der Qualitäten wie Liebe, Zärtlichkeit und Gegenseitigkeit infrage gestellt (Diamond 2006, S. 190).

Gestützt auf die psychoanalytischen Narzissmus-Konzeptionen vor allem Kernbergs und Kohuts stellt Lasch die These auf, dass in den westlichen Industriegesellschaften wesentliche Strukturveränderungen stattfanden, die zu einer folgenreichen Modifikation der primären seelischen Strukturen führten – zur Hervorbringungen einer hohen Anzahl von narzisstischen Persönlichkeiten. Er spricht folgerichtig in diesem Zusammenhang von einem Zeitalter des Narzissmus. Unter einer narzisstischen Gesellschaft versteht Lasch eine Gesellschaft, die narzisstische Charakterzüge fördert und ihnen zunehmend Bedeutung gibt.

Der Narzisst fällt den Psychiatern seiner Ansicht nach aus denselben Gründen auf, die ihn in der Bewusstwerdungsbewegung, in Konzernen, politischen Organisationen und staatlichen Bürokratien zu Ansehen und hohen Positionen kommen lassen. Denn trotz seines inneren Leidens besitzt der Narzisst viele Eigenschaften, die in bürokratischen Organisationen zum Erfolg führen, die die Manipulation zwischenmenschlicher Beziehungen fördern, die Bildung tieferer persönlicher Bindungen hemmen und dem Narzissten die Anerkennung bieten, deren er zur Bestätigung seines Selbstgefühls bedarf (Lasch 1979, S. 66). Die Weltanschauung des Managers ist für ihn die des Narzissten, der die Welt als Spiegel seiner selbst sieht und an den Geschehnissen in der Außenwelt nur insoweit Interesse hat, wie sie sein eigenes Image reflektieren (ebd., S. 70).

Der Narzissmus ist für Lasch die beste Art und Weise, den Spannungen und Ängsten des modernen Lebens gewachsen zu sein. Die herrschenden gesellschaftlichen Umstände bringen deshalb die narzisstischen Charaktereigenschaften deutlich zum Vorschein, die in unterschiedlichem Grade bei jedem anzutreffen sind. Von einer Gesellschaft, die befürchtet, dass sie keine Zukunft hat, ist seiner Ansicht nach auch nicht zu erwarten, dass sie den Bedürfnissen der nächsten Generation allzu viel Aufmerksamkeit schenkt. Das allgegenwärtige Gefühl mangelnder historischer Kontinuität befällt mit besonders verheerenden Auswirkungen die Familie (ebd., S. 74). Über die Familie reproduzieren sich gesellschaftliche Strukturen in der Einzelpersönlichkeit und werden tief unterhalb der Bewusstseinsschwelle gespeichert. „Und wenngleich der Glaube, es gebe für die Gesellschaft keine Zukunft, auf einer gewissen realistischen Einschätzung beruht, so wohnt ihm doch auch die narzisstische Unfähigkeit inne, sich mit der Nachwelt zu identifizieren oder sich als Teil der Geschichte zu empfinden" (ebd., S. 75).

Lasch weist in seinen Ausführungen auf verschiedene Aspekte hin, die für ein Management-Coaching unter Berücksichtigung narzisstischer Phänomene von zentraler Bedeutung sind:
- Das Individuum wird durch die Gesellschaft geprägt, insbesondere durch Familie, Bildungs- sowie sonstige öffentliche Institutionen und wirtschaftliche Organisationen.
- Eine narzisstische Persönlichkeitsstruktur fördert eine berufliche Karriere in dieser Gesellschaft.
- Der Glaube an die Zukunft und damit die Sorge um zukünftige Generationen ist verloren gegangen. Dass der Narzisst kein Interesse an der Zukunft hat, liegt seines Erachtens z. T. daran, dass er so wenig Interesse an der Vergangenheit hat (ebd., S. 14).

2.6 · Narzissmus als gesellschaftliches Phänomen

Grundsätzlich ist Diamond zuzustimmen, die von der These einer *Reziprozität* gesellschaftlicher und psychologischer Aspekte des Narzissmus ausgeht: Die Gesellschaft entfaltet ihren Einfluss im Individuum, das nach den jeweiligen gesellschaftlichen Vorstellungen und Anforderungen geformt wird. Das Individuum wiederum hat Einfluss auf die Gesellschaft sowie ihrer Organisationen und wird durch die Anforderungen der innerpsychischen Welt der Triebe, Affekte und Objektbeziehungen geformt.

Für ein Management-Coaching unter Berücksichtigung narzisstischer Phänomene muss daher von einer dynamischen Reziprozität zwischen individuellem, interaktionellem, organisatorischem und gesellschaftlichem Narzissmus ausgegangen werden, wie es die nachfolgende ▶ Abb. 2.4 verdeutlicht.

Für die Ausführungen über narzisstische Phänomene und Management im nächsten Teil aber auch für ein Management-Coaching unter Berücksichtigung narzisstischer Phänomene müssen daher auch alle vier Ebenen – Individuum, Team, Organisation und Gesellschaft berücksichtigt werden.

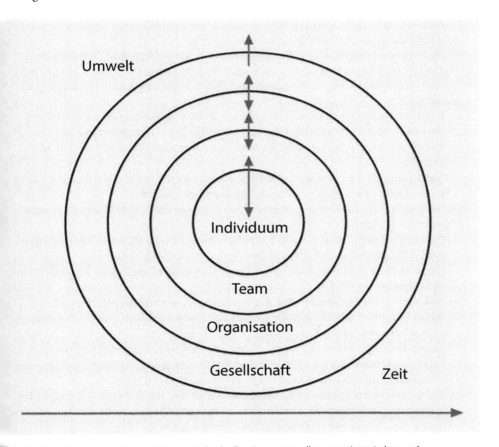

Abb. 2.4 Dynamische Reziprozität eines individuellen, interpersonellen, organisatorischen und gesellschaftlichen Narzissmus. (Aus Schneck 2013, S. 101, © 2012 EHP - Verlag Andreas Kohlhage. Abdruck mit freundlicher Genehmigung durch den Verlag. All Rights reserved. This includes reproduction and transmissions in any form or by any means without permission in writing from the publisher.)

2.7 Zusammenfassung

Es ist in diesem zweiten Kapitel hoffentlich deutlich geworden, dass es sich bei dem Begriff Narzissmus um ein Konstrukt handelt, das komplex, multidimensional und multifaktoriell ist. Wer sich ernsthaft mit dem Konstrukt und dem sozialen Phänomen Narzissmus beschäftigt und dies in einem Management-Coaching zu berücksichtigen beabsichtigt, bedarf einer umfassenden Basis bzw. eines soliden Hintergrundes, die u. a. phänomenologische, diagnostische, entwicklungstheoretische, individuelle und kollektive sowie behandlungsspezifische Aspekte beinhalten muss.

Aus der Perspektive des Autors ergeben sich für ein Management-Coaching unter Berücksichtigung narzisstischer Phänomene die nachfolgenden besonders relevanten Aspekte:

- Narzisstische Verhaltens-, Erlebens- und Ausdrucksweisen sind sehr vielfältig. Sie drücken sich u. a. im Denken, Fühlen, in der Körperwahrnehmung, in Phantasien, Verhalten, Beziehungen, Anspruchshaltungen, Überzeugungen und Bedürfnissen aus. Allen gemeinsam ist die Konzentration des seelischen Interesses auf das Selbst bzw. auf ein schwach ausgebildetes Selbst.
- Narzissmus und narzisstische Verhaltensweisen können sichtbar oder verdeckt, bewusst oder unbewusst, absichtsvoll oder absichtslos etc. sein.
- Narzissmus bzw. narzisstische Verhaltensweisen haben sowohl positive (beligne, konstruktive) als auch negative (maligne, pathologische, destruktive) Wirkungen. Narzisstische Erlebens- und Verhaltensweisen sind auf einem Kontinuum von gesund bis pathologisch angesiedelt.
  - Es gibt eine lange Tradition und verschiedene Erklärungsmodelle für die Entstehung, Entwicklung, Dynamik und Behandlung narzisstischer Verhaltensweisen.
  - Narzissmus ist eine Entwicklungsstörung, die in den ersten drei (bis fünf) Jahren entsteht.
  - Narzissmus ist eine Entwicklungsstörung, die vorwiegend aus der Beziehung (Bindung) zu den Eltern bzw. zu den primären Bezugspersonen entsteht.
  - Narzissmus entwickelt und manifestiert sich aufgrund seiner Entstehung daher auch immer in Beziehung.
  - Die narzisstische Kollusion ist ein besonders zu beachtendes Phänomen bei der interpersonellen Manifestation narzisstischer Verhaltens und Erlebensweisen.
  - Narzisstische Verhaltensweisen haben immer eine intrapersonelle und eine interpersonelle Dynamik.
  - In der psychotherapeutischen Behandlung des Narzissmus ist die Beziehung der zentrale Moment. Die Beziehung zwischen Therapeut und Klient bedarf einer spezifischen Responsivität.
  - Neben dieser speziellen responsiven Haltung bei der Behandlung der narzisstischen Persönlichkeitsstörung gilt es Phänomene der Übertragung und Gegenübertragung zu berücksichtigen und zu beachten.
  - Narzissmus und narzisstische Verhaltensweisen können in der Dyade, in Gruppen und Kollektiven (Organisationen) und in der Gesellschaft auftreten. Sie finden daher auch in der Kultur – insbesondere der westlichen – ihren Ausdruck.
  - Es liegt eine dynamische Reziprozität zwischen einem individuellen, interpersonellen, organisationalen und gesellschaftlichen Narzissmus vor.
  - Aufgrund seiner Entstehung und seiner Verbreitung auf allen gesellschaftlichen Ebenen verfügen fast alle Menschen, der westlichen Gesellschaft, über mehr oder weniger stark ausgeprägte narzisstische Verhaltensweisen.

Welche narzisstischen Phänomene im Umfeld von Management gilt es zu beachten?

3.1 Narzissmus und narzisstische Verhaltensweisen im Management – ein Spektrum – 34
3.1.1 Die Arbeiten von Kets de Vries – 35
3.1.2 Die Arbeiten von Maccoby – 37
3.1.3 Die Arbeiten von Rosenthal – 39
3.1.4 Die Arbeiten von Babiak und Hare – Psychopathen im Management – 40
3.1.5 Narzissmus und die Big Five – 41

3.2 Interpersonelle und interaktionelle Aspekte narzisstischer Phänomene in Organisationen – 43
3.2.1 Narzissmus und Führung – 43
3.2.2 Narzissmus und regressive Prozesse in Arbeitsgruppen – 45

3.3 Narzisstische Verhaltensweisen von Organisationen – 47
3.3.1 Zusammenhang zwischen oberster Unternehmensleitung, Kultur, Strategie und Struktur einer Unternehmung – 47
3.3.2 Das „narzisstisch infizierte Unternehmen" – 51
3.3.3 „Corporate Narcissism" – 52
3.3.4 Die „psychopathische Organisation" – 53

3.4 Gesellschaftliche Rahmenbedingungen wirtschaftlichen Handelns – 55

3.5 Zusammenfassung – 56

© Springer-Verlag GmbH Deutschland 2018
C. Schneck, *Coaching und Narzissmus*,
DOI 10.1007/978-3-662-53946-0_3

Narzisstische Phänomene im Umfeld von Management können danach unterschieden werden, auf welcher Ebene sie auftreten bzw. wo sie sich im organisatorischen oder unternehmerischen Alltag manifestiert haben. Dies kann auf der individuellen Ebene sein, also beim einzelnen Manager, in interaktionellen Aspekten, vorwiegend in der Führungsbeziehung aber auch im Team, oder im gesamten Unternehmen. Ferner gilt es die gesellschaftlichen Einflüsse auf die Organisation zu berücksichtigen. Darüber hinaus beeinflussen sich diese Aspekte natürlich gegenseitig, wie es im Punkt zur dynamischen Reziprozität dargelegt wurde. Die nachfolgenden Ausführungen der narzisstischen Phänomene auf diesen vier verschiedenen Ebenen ist daher vereinfachend und vernachlässigt die gegenseitige Bedingtheit, dient aber der Vereinfachung und der Reduzierung von Komplexität.

3.1 Narzissmus und narzisstische Verhaltensweisen im Management – ein Spektrum

Das Phänomen „Narzissmus im Management" hat in Organisationen einen besonderen Stellenwert, da die Schlüsselperson bzw. die Schlüsselpersonen einer Organisation die größten Einflussmöglichkeiten auf Strategie, Struktur, Kultur und die Prozesse einer Organisation haben. Grundsätzlich lassen sich bei Managern von Unternehmen und Organisationen alle Arten von Persönlichkeitsstrukturen finden, z. B. zwanghafte, unnahbare, misstrauische, ängstlich-vermeidende u.v.m. (vgl. zu den verschiedenen Typen z. B. Kets de Vries 1989, S. 80; 2001, S. 140ff.). Allerdings führen diese Akzente der Persönlichkeit eher zu Rückzug, Unsicherheiten, Überempfindlichkeit, Mittelmäßigkeit und ähnlichen Verhaltensweisen, die beim Erreichen und Ausfüllen einer Führungsposition eher hinderlich sind. Im Gegenteil dazu prädisponiert die narzisstische Persönlichkeitsstruktur in besonderem Maße zum Erlangen und Erreichen einer höheren Managementposition. Dafür gibt es unterschiedliche Gründe:

- Narzisstische Persönlichkeiten fühlen sich geradezu zur Übernahme von Führungsaufgaben und Machtpositionen getrieben.
- Das nie ganz stillbare Bedürfnis nach Bewunderung und Anerkennung führt dazu, dass die Personen ehrgeizig sind.
- Die Personen mit narzisstischen Störungen verfügen häufig über Charme sowie Charisma und können damit die Feinheiten der Selbstdarstellung handhaben.

Verschiedene Faktoren sind somit dafür ausschlaggebend, warum *vermehrt* Menschen mit einer narzisstischen Persönlichkeitsstruktur im mittleren und oberen Management von Unternehmen und Organisationen zu finden sind.

Dammann (2007) schreibt in seinem Buch *Narzissten, Egomanen, Psychopathen in der Führungsetage,* dass ein nüchterner Diskurs über den Faktor Narzissmus im Management durch das schlechte Image, das der Narzissmus im Allgemeinen hat, erschwert wird. Er unterscheidet einen im Management normalen und notwendigen Narzissmus von destruktiven und pathologischen Formen, die jeweils völlig verschiedene Dynamiken freisetzen. Das in ▶ Kap. 2 dargestellte Spektrum narzisstischer Verhaltensweisen findet sich daher auch im Management und soll anhand einiger Ergebnisse ausgewählter Autoren dargestellt werden.

3.1.1 Die Arbeiten von Kets de Vries

Während des Studiums von Führungspersönlichkeiten erkannte Kets de Vries[1], dass die narzisstische Orientierung bei Managern sehr häufig anzutreffen ist: „If there is one personality constellation to which leaders tend to gravitate it is the narcissistic one." (Kets de Vries und Miller 1985, S. 586; 1995, S. 1609). In einem Artikel beleuchteten Kets de Vries und Miller den Zusammenhang zwischen Unternehmensführung und Narzissmus aus psychodynamischer Perspektive. Sie unterscheiden in ihrer Arbeit drei narzisstische Typen, die Sie als *reaktive, selbsttäuschende und konstruktive Narzissten* bezeichnen. Sie schildern die Ätiologie, die Symptome und die Abwehrstruktur und beschreiben insbesondere die Auswirkungen der verschiedenen Typen auf die Organisationen, in denen sie tätig sind (ebd., 1985, S. 588; 1995, S. 1610. Kets de Vries merkt an, dass es diese Typen nicht in Reinform gibt, sondern nur in Mischformen und Abschwächungen zu beobachten sind).

Reaktiv narzisstischer Typ. Für den reaktiv narzisstischen Typ diagnostizieren sie, dass solche Führer an einer krankhaften Entwicklung leiden. Aufgrund ablehnender und unempfänglicher Eltern und dem Fehlen sicherer Zuneigung fehlt es an gesundem Selbstvertrauen und an einer soliden Grundlage für interpersonelle Beziehungen. Als Führungskraft kann der Typ des reaktiven Narzissten ein extrem fordernder Aufseher sein. Seine Überheblichkeit und sein Exhibitionismus lassen ihn sich zu Untergebenen hingezogen fühlen, die Schmeichler sind. Argumente Andersdenkender werden ignoriert und die Bedürfnisse von Untergebenen und hierarchisch Gleichgestellten werden vollständig ignoriert. Die Verfolgung der eigenen Karriere auch unter Ausbeutung anderer steht im Vordergrund. Der reaktiv narzisstische Führer weist nach ihrer Beobachtung charakteristische Dysfunktionen beim Fällen von Entscheidungen für seine Organisation auf. Er neigt dazu, die (innere und äußere) Umwelt zu wenig zu prüfen und zu analysieren, bevor er Entscheidungen trifft. Er ist der Ansicht, er könne seine Umwelt manipulieren und auf sie einwirken und müsse sie daher nicht prüfen. Die Grandiosität, der Exhibitionismus und die Beschäftigung mit Phantasien unbegrenzten Erfolgs verleiten diesen Typus zu riskanten Projekten, die aber oft dazu verurteilt sind, fehlzuschlagen. Er gibt Projekten eine Dynamik, die kaum aufzuhalten ist. Sollte das Projekt jedoch scheitern, verleitet ihn sein Hang zum Splitting dazu, anderen die Schuld zu geben. Der reaktiv narzisstische Typus übertrifft die beiden anderen Typen in seinem völligen Mangel an Mitgefühl. Die Schwankungen in der Haltung seinen Mitarbeitern gegenüber sind extrem und der Fluktuationsgrad ist ihrer Beobachtung nach häufig sehr hoch. Vorhaben, die Zusammenarbeit oder Initiative der Untergebenen erfordern, sind ernsthaft gefährdet (Kets de Vries und Miller 1995, S. 1617f.). Bei diesem Typus kann man durchaus von Grandiosität als Reaktion auf emotionale Vernachlässigung sprechen. Um der Kindheitserfahrung mangelnder emotionaler Resonanz und Abwertung zu entkommen, hat sich die narzisstische Führungskraft ein ideales Größenselbst erschaffen, das er anstelle seines eher minderwertig fühlenden und brüchigen Selbst zu leben bemüht ist. Dabei gilt es zu berücksichtigen, dass die allgegenwärtige depressive narzisstische Seite überspielt und von anderen nicht erkannt werden soll (Olesen 2016, S. 24).

Manfred F. R. Kets de Vries studierte u. a. an der Harvard University in Cambridge und arbeitete mit dem Psychoanalytiker Abraham Zaleznik zusammen, der dort Professor of Leadership war. Zaleznik war einer der ersten, der versucht hat, eine Verbindung zwischen Psychoanalyse und Organisationen herzustellen. Kets de Vries ist Wirtschaftswissenschaftler und bildete sich zum Psychoanalytiker weiter. Er arbeitete als Professor of Management Policy and Organizational Behavior an der McGill University in Montreal. Anschließend wechselte er an das Europäische Institut für Unternehmensführung (INSEAD) in Fontainebleau bei Paris.

Selbsttäuschender narzisstischer Typ. Der selbsttäuschende narzisstische Typus hat eine andere Art früher Kindheitsentwicklung. Diese Personen wurden einst von einem oder beiden Elternteilen dazu gebracht, zu glauben, sie seien liebenswert und perfekt, ungeachtet ihrer realen Leistungen. Da sich die Eltern nicht entsprechend des Alters des Kindes verhielten, lernt es nie, seine überhebliche Selbsteinschätzung oder seine idealisierten Elternbilder einzuschränken. Dies entspricht wahrscheinlich eher der Grandiosität als Reaktion auf Überbewertung und übertriebene Kontrolle (▶ Abschn. 2.2). Diese Kinder erhalten den Auftrag, viele unerfüllte Hoffnungen der Eltern zu erfüllen. Kets de Vries und Miller vermuten, dass selbsttäuschende Narzissten unter zwischenmenschlichen Problemen leiden, da sie versuchen, den internalisierten Wünschen der Eltern zu entsprechen. Sie neigen zu emotionaler Oberflächlichkeit und Gefühlsarmut.

Im Hinblick auf ihr Verhalten in Organisationen besitzen die selbsttäuschenden Führer viele Züge der reaktiven Führer, doch treten diese Charakteristika in Führungssituationen weniger deutlich hervor. Selbsttäuschende Führer sind in Bezug auf soziale Beziehungen viel zugänglicher, sie kümmern sich um ihre Mitarbeiter, sind nicht annähernd so ausbeutend und sind eher geneigt, auf die Meinung anderer zu hören. Sie zeigen ein starkes Bedürfnis nach Liebe, zudem extreme Unsicherheit und Überempfindlichkeit gegenüber Kritik. Selbsttäuschende Führer sind abweichenden Meinungen gegenüber durchaus tolerant. Sie neigen jedoch dazu, missgünstig zu sein und begünstigen willensschwächere Untergebene gegenüber ihren stärkeren Gleichgestellten. Der selbsttäuschende Manager ist sehr daran interessiert, die Chancen und besonders die Gefahren in seiner Umwelt zu entdecken. Aufgrund seiner inneren Unsicherheit legt er viel Wert auf die Untersuchung der inneren und äußeren Umwelt. Um Gefahren neutralisieren zu können und teure Fehler zu vermeiden, werden Konkurrenten beobachtet, Kunden befragt und Informationssysteme eingerichtet. Diese häufig übertriebene Analyse und Beurteilung kann manchmal die Handlungsfähigkeit lähmen.

Der selbsttäuschende Führer zeigt Vollzugsangst. Um anerkannt und bewundert zu werden, bemüht er sich um bestmögliche Leistung. Er fragt sich jedoch, ob seine Fähigkeiten dafür ausreichen (ebd. S. 1618f.). Bei diesem Typus kann wohl eher von einer Grandiosität als Reaktion auf Überbewertung und übertriebene Kontrolle gesprochen werden. Der grandiose Narzisst hat in seiner Kindheit übertriebene Aufmerksamkeit und Überfürsorge durch seine Bezugspersonen erhalten, musste kaum Widerstände überwinden, wurde vor Frustrationen bewahrt und fand viele Bedürfnisse fast ungefragt erfüllt. Er stand also meist im Mittelpunkt und erwartet nun, dass dies immer so weitergeht (Olesen 2016, S. 24).

Konstruktiver narzisstischer Typ. Bei der Beschreibung des Typus des konstruktiven Narzissten lehnen sich Kets de Vries und Miller an die Ausführungen von Alice Miller aus ihrem ersten Buch *Prisoners of Childhood* an:

> Aggressive Impulse wurden neutralisiert, weil sie das Vertrauen und das Selbstwertgefühl der Eltern nicht erschütterten. Das Streben nach Selbstständigkeit wurde nicht als Angriff empfunden. Dem Kind wurde erlaubt, gewöhnliche Regungen wie Eifersucht, Wut, Trotz usw. zu verspüren und auszudrücken, weil die Eltern nicht von ihm verlangten, etwas Besonderes zu sein. Es war nicht nötig, jemand zu gefallen … und das Kind konnte entwickeln und zur Schau stellen, was immer in ihm steckte. … Weil das Kind ambivalente Gefühle äußern konnte, konnte es lernen, beide, sich selbst und das Subjekt als ‚beides gut und schlecht' zu betrachten und musste das ‚gute' nicht vom ‚schlechten' Objekt trennen. (Miller 1981a, S. 33f.)

Aufgrund dieser ausreichend guten Kindheit zeigen die konstruktiven Narzissten auch kein reaktives oder selbsttäuschendes Verhalten. Konstruktiv narzisstische Menschen sind weniger entfremdet von ihren Gefühlen, Wünschen und Gedanken und bedienen sich seltener primitiver Abwehrmechanismen. Sie entwickeln oft ein Gefühl positiver Vitalität, das einem Vertrauen in ihren persönlichen Wert entspringt. Sie haben relativ stabile und gute Objekte internalisiert, die sie auch die Missgeschicke des Lebens meist unbeschadet überstehen lassen. Menschen von diesem Typus können ihre Wünsche ausdrücken und stehen hinter ihren Entscheidungen und Taten ohne Rücksicht auf die Reaktionen anderer. Sie sind nicht boshaft und haben Geduld. Introspektion und Rücksichtnahme gehören zu ihrem normalen Verhalten.

Diese konstruktiven Manager können recht gut mit Untergebenen umgehen. Jedoch neigen auch sie zu Manipulationen und sind nicht frei von gelegentlichen opportunistischen Handlungen. Sie besitzen Vertrauen in ihre Fähigkeiten und sind aufgaben- und zielorientiert. Trotz ihres Wunsches, bewundert zu werden, haben sie eine realistische Einschätzung ihrer Fähigkeiten und Grenzen. Sie respektieren die Kompetenzen anderer und achten auf einen Ausgleich von Geben und Nehmen. Sie sind gute Zuhörer und schätzen die Meinung ihrer Mitarbeiter; trotzdem sind sie bereit, die letzte Verantwortung für kollektive Handlungen zu übernehmen. Menschen dieses Typus können inspirieren und eine Sache zu einem gemeinsamen Vorhaben machen. Ihre Unabhängigkeit ist die Basis für Kreativität und Visionskraft, mit der sie ihre Mitarbeiter für ehrgeizige Projekte anspornen. Ihre innere Stabilität und äußere Flexibilität erlaubt es, umfangreiche Analysen der Umwelt und Beratung in Anspruch zu nehmen, bevor sie strategische Entscheidungen mit weitreichenden Konsequenzen treffen. Routinesituationen können sie durch Delegation schnell erledigen. Konstruktive Führer agieren insgesamt mehr im „mittleren Bereich" und meiden extremes Risiko genauso wie übertriebenen Konservatismus (Kets de Vries und Miller 1995, S. 1614f.).

Kets de Vries und Miller gehen davon aus, das die konstruktiv-narzisstischen Manager wenig organisationale Probleme aufwerfen. Gegen die beiden dysfunktionalen Typen des reaktiven und des selbsttäuschenden Managers ist es ihrer Ansicht nach jedoch notwendig, etwas zu unternehmen. Der einfachste Weg ist, diesen Personenkreis nicht einzustellen oder zumindest, wenn man eine entsprechende Auswahl versäumt hat, sie von der Macht fernzuhalten (Kets de Vries und Miller 1995, S. 1614f.). Allerdings lässt sich destruktiver Narzissmus oft überhaupt erst erkennen, wenn ein Individuum eine Machtposition erringt oder seine Macht bereits eine Weile lang ausgeübt hat (Kets de Vries 1993).

3.1.2 Die Arbeiten von Maccoby

Auch *Maccoby*[2] hat in seiner langjährigen Arbeit einen Wandel in der Persönlichkeitsstruktur der strategischen Führer in Unternehmen festgestellt – er spricht vom „narzisstischen Führer". Er behauptet, dass die heutige hektische und chaotische Geschäftswelt Führer erfordere, die eher große Visionäre und Innovatoren seien als solide Aufbauer von Unternehmen, die sich sehr langsam verändern. Er betont dabei die positive Seite dieser Persönlichkeitsstruktur, insbesondere ihre Visionen, die Fähigkeit andere zu begeistern und die Zukunft neu zu gestalten.

---

[2] Dr. Michael Maccoby ist Anthropologe und Psychoanalytiker. Seine Ausbildung zum Psychoanalytiker absolvierte er am Mexican Institute of Psychoanalysis unter Erich Fromm. Dr. Maccoby leitete von 1978–1990 das Programm *Technology, Public Policy and Human Development* an der Harvard University. Er ist Präsident der Maccoby Group in Washington D.C. Dr. Maccoby berät und coacht seit über 35 Jahren Leiter von Unternehmen, Gewerkschaften, Universitäten und öffentlichen Verwaltungen. Sein Artikel Narcissistic Leaders: The Incredible Pros, the Inevitable Cons (2000) gewann den McKinsey Award, der jährlich für die beiden besten Veröffentlichungen im Harvard Business Review vergeben wird.

Er spricht dabei vom produktiven Narzissten in Unternehmen. Diese produktiven Narzissten sind für Maccoby große Strategen, die Visionen haben und Sinn vermitteln in einer sich wandelnden Welt. Sie haben die Fähigkeit, große Transformationen zu gestalten, die die Gesellschaften immer wieder erleben. Produktive Narzissten sind für ihn nicht nur die Träger des Risikos, sondern auch Charmeure, die die Massen mit ihrer ausgeprägten Rhetorik begeistern und bewegen können. Maccoby spricht hier auch vom charismatischen Führer (Maccoby 2000, 2001a, 2001b).

Er sieht aber auch die dunklen Seiten des Narzissmus. Durch mangelnde Selbsterkenntnis und fehlende innere Anker können Narzissten in ihren Visionen und Vorhaben zu weit gehen. Sie pflegen hochfliegende Pläne und verstecken sich hinter der Illusion, dass nur äußere Widrigkeiten oder Feinde sie von ihrem Erfolg abhalten können. Diese Tendenz in Richtung von Grandiosität und Misstrauen ist nach Ansicht von Maccoby die Achillesferse des Narzissmus. Aufgrund dieser dunklen Seite des Narzissmus können auch brillante Narzissten unter den Verdacht der Selbstbezogenheit, der Unvorhersagbarkeit und in extremen Fällen sogar der Paranoia geraten.

Aufgrund der Vielzahl der narzisstischen Führer an der Spitze heutiger Unternehmen, ist es nach Ansicht von Maccoby gegenwärtig eine Herausforderung für Organisationen, sicherzustellen, dass solche Manager der Organisation keinen Schaden zufügen oder sie sogar in ein Desaster führen.

Maccoby benennt in seinem ausgezeichneten Artikel die fünf Schwächen eines narzisstischen Führers:

1. *Empfindlichkeit gegenüber Kritik*
   Kritik ist für sie wie ein Messerstich in ihr Bild von ihnen selbst und in ihr Vertrauen, in ihre Vision. Narzissten sind unglaublich dünnhäutig. Wenn sie von Teamarbeit sprechen, suchen sie eigentlich eine Gruppe von Jasagern. Sie sind oft emotional isoliert und haben keinen Zugang zu ihren Gefühlen.
2. *Schlechter Zuhörer*
   Narzisstische Führer hören nicht zu, schon gar nicht, wenn sie kritisiert oder sogar angegriffen werden. Kritik ist für sie zu schmerzvoll, um sie zu hören.
3. *Fehlende Empathie*
   Fehlende Empathie ist eine der charakteristischsten Eigenschaften von narzisstischen Führern. So wenig wie Narzissten Einfühlung für sich selbst haben, besitzen sie Empathie für ihre Gegenüber. Als ein Beispiel für einen bekannten charismatischen und narzisstischen Führer ohne Empathie nennt er Bill Gates. Um aber in Zeiten radikalen Wandels z. B. Firmen zu schließen und Mitarbeiter zu entlassen, ist fehlende Empathie durchaus eine Stärke. Maccoby betont, dass weder Evaluierungen über ihren Führungsstil, noch 360°-Feedbacks oder Workshops bei narzisstischen Führern zu mehr Empathie führen. Narzissten wollen sich nicht verändern und solange sie erfolgreich sind, sind sie davon überzeugt, dass sie dies auch nicht müssen.
4. *Abneigung gegen Mentoren*
   Fehlende Empathie und extreme Unabhängigkeit machen es narzisstischen Managern schwer, sowohl Mentor zu sein als auch einen Mentor zu haben. Die meisten narzisstischen Führungskräfte bevorzugen Mentoren, die sie kontrollieren können.
5. *Ein starkes Verlangen zu konkurrieren*
   Narzisstische Führer können unerbittlich und rücksichtslos in ihrem Streben nach einem Sieg sein. Organisationen, die von einem narzisstischen Manager geführt werden, sind meist gekennzeichnet durch eine starke interne Konkurrenz und eine hohe Wettbewerbsorientierung nach außen (Maccoby 2000, S. 72ff.).

Seiner Meinung nach gibt es leider wenig Managementliteratur darüber, wie narzisstische Führer die Stolpersteine und Fallstricke ihrer Persönlichkeit vermeiden können. Er empfiehlt dieser

Führungskräften, einen *vertrauensvollen Begleiter* zu finden, dem es gelingt, die narzisstische Führungskraft am Boden zu halten und somit in der Realität verwurzelt zu bleiben. Als weiteren Vorschlag zur Prävention vor Fehlschlägen und Misserfolgen befürwortet Maccoby eine *stärkere Introspektion* der narzisstischen Führungskraft, wie sie z. B. ein tiefenpsychologisch-fundiertes Coaching anbietet. Narzisstische Führungskräfte können durch ein solches Coaching ihre wichtigsten Charakterfehler überwinden und sich so zu einer konstruktiven und produktiven Führungskraft für das Unternehmen entwickeln. Konstruktiv-narzisstische Führungspersönlichkeiten können eine Persönlichkeitsintelligenz entwickeln, wodurch sie ihre Führungsqualitäten deutlich erhöhen. Außerdem entfalten sich narzisstische Manager, wenn sie die Schattenseiten des Narzissmus durchgearbeitet haben, nach Ansicht von Maccoby zu erfolgreichen Führungskräften mit außergewöhnlicher *strategischer Intelligenz* (Maccoby 2001b, S. 69ff.).

3.1.3 Die Arbeiten von Rosenthal

Auch *Rosenthal* (2006), der an der Harvard University im Jahr 2005 seinen Ph.D. ablegte, führte eine Debatte darüber, ob die positiven oder die negativen Seiten von Narzissmus im Management überwiegen. Er begründet und unterlegt seine Argumentation mit vorhandenen empirischen Untersuchungen. Als problematische Aspekte der narzisstischen Persönlichkeitsstruktur im Management nennt Rosenthal anhand vorliegender Untersuchungen:

1. *Minderwertigkeitsgefühle*
   Narzisstische Manager sind nicht in der Lage über einen längeren Zeitraum positive Gefühle sich selbst gegenüber aufrechtzuerhalten. Sie neigen daher dazu, Erfolg sich selbst zu zuschreiben und andere für Misserfolge verantwortlich zu machen. Sie müssen sich ständig überhöhen (Grandiosität– Anm. d. Autors), um Gefühle der Leere und narzisstische Verletzungen abzuwehren.

2. *Ein unstillbares Bedürfnis nach Anerkennung und Überlegenheit*
   Narzisstische Führer sind in einem chronischen, alles umfassenden Streben nach Anerkennung und Überlegenheit gefangen. Sie sind mehr mit ihrer Wirkung beschäftigt anstatt mit Inhalten und Sinn. Sie brauchen die bedingungslose Hingabe und Loyalität ihrer Untergegebenen. Sie starten grandiose Projekte und schwelgen in demonstrativem Konsum. Im schlimmsten Falle tendieren sie zu Sadismus und Destruktivität.

3. *Überempfindlichkeit und Zorn*
   Narzisstische Führer reagieren in Situationen, in denen ihre Großartigkeit bedroht ist, überempfindlich und mit extremem Zorn. Narzisstische Führer neigen zu intensiven rachsüchtigen Attacken als übertriebene Reaktion auf Beleidigungen und fühlen sich sogar berechtigt, schreckliche Gräueltaten zu begehen. Als ein Beispiel aus dem politischen Bereich kann die narzisstische Hypersensibilität von John F. Kennedy und Fidel Castro während der Kuba-Krise genannt werden. Glücklicherweise blieb bei beiden genug Ich-Stärke und Realitätsprüfung intakt, sodass sie ihr Rachebedürfnis begrenzen und eine atomare Katastrophe unterlassen konnten.

4. *Mangel an Empathie*
   Die Unfähigkeit, andere Perspektiven zu verstehen, ist schädlich für eine gute Führerschaft, und ein Mangel an Empathie ist ein Markenzeichen von Narzissmus. Narzisstische Führer neigen dazu, Entscheidungen aus ihrer eigenwilligen und egozentrischen Sichtweise der Welt zu treffen und lehnen Hinweise ab, dass diese Sichtweise zu Konflikten führen könnte.

5. *Amoralität*
Wenn narzisstische Führer wütend sind, neigen sie zu ungerechtfertigten Handlungen, fühlen sich dazu aber vollkommen gerechtfertigt. Diese Art von Verhalten ist nicht nur gegenüber Feinden oder Wettbewerbern zu beobachten, sondern auch gegenüber Mitarbeitern. Wenn der narzisstische Führer nicht alles bekommt, was er gefordert hat, verwirkt der Mitarbeiter sein Recht zu existieren. Dieses Verhalten ist aber gleichzeitig der Anfang vom endgültigen Untergang. Wenn der narzisstische Führer absolute Macht erreicht hat, ist er geneigt, die Grenzen der Moral zu überschreiten. Dieses Verhalten bringt ihn in eine verletzbare Position. Wenn er Handlungen begeht, die keinen nachvollziehbaren Zweck oder Sinn erfüllen, gleichzeitig aber die geltende Moral herausfordern, unterminiert er seine eigene Basis.
6. *Irrationalität und Inflexibilität*
Für Rosenthal sind alle Persönlichkeitsstörungen mit einer Inflexibilität in den Denk- und Verhaltensmustern verbunden. Dies gilt für ihn auch für die narzisstische Persönlichkeitsstörung. Die Vision eines narzisstischen Führers wird so stark zu einem Teil seiner eigenen Persönlichkeit, dass er gar nicht bereit und in der Lage ist, gegenteilige Informationen aufzunehmen. Der narzisstische Führer nutzt häufig noch nicht mal die ihm zur Verfügung stehenden Informationen, sondern verlässt sich auf seine Inspirationen, die von seinem Misstrauen und vom Unterschätzen anderer Menschen gegenüber geformt sind.
7. *Paranoia*
Ein weiterer Wesenszug von narzisstischen Führern, der ebenso zum endgültigen Untergang führt, ist die Paranoia. Ein narzisstischer Führer ist geneigt, Feinde zu sehen, wo gar keine sind. Es ist verständlich, dass ein narzisstischer Führer, der von lenkbaren Schmeichlern umgeben ist, sich Gedanken über deren wahre Intentionen macht. Manchmal gehen narzisstische Führer jedoch darüber hinaus und zerstören sogar das Vertrauen ihrer loyalsten Mitarbeiter durch ihr ständiges Misstrauen.

Bei Rosenthal werden die kritischen und für die Organisation bedrohlichen Aspekte narzisstischer Führungskräfte somit sehr deutlich.

3.1.4 Die Arbeiten von Babiak und Hare – Psychopathen im Management

Der amerikanische Arbeits- und Organisationspsychologe *Paul Babiak* und der emeritierte Professor für Psychologie *Robert D. Hare* haben sich in den letzten Jahren mit Ihren Untersuchungen über Psychopathen im Management einen Namen gemacht. Diese Psychopathen im Management zeichnen sich durch einen extrem rücksichtslosen, z. T. mit krimineller Energie und antisozialem Verhalten gepaarten schweren Narzissmus aus. Babiak und Hare konnten nachweisen, dass sich solche Persönlichkeiten – von ihnen als „Schlangen in Nadelstreifen" bezeichnet – vermehrt in höheren Führungsetagen zu finden sind (Babiak und Hare 2006, Hare 2005. Der Titel der amerikanischen Originalausgabe lautet „Snakes in Suits"). Nach ihrer Auffassung werden Narzissten erst dann zu einem wirklichen Problem für andere, wenn die narzisstischen Merkmale, insbesondere das Anspruchsdenken und das Fehlen von Empathie, sich in antisozialem und zerstörerischem Verhalten äußern. Das dann entstehende Muster kann man als aggressiven oder bösartigen Narzissmus beschreiben, der sich nur schwer von Psychopathie unterscheiden lässt. Viele Psychopathen sind gewiefte Manipulatoren und Taktiker, die alle erdenklichen Tricks benutzen, um ihre Ziele zu erreichen. Psychopathen schrecken auch nicht davor zurück, gefälschte Bewerbungsunterlagen vorzulegen. Sie können sich wunderbar als gewandte, talentierte, intelligente, empfindsame und positive Menschen präsentieren und Führungs- und Managementfähigkeiten vortäuschen. Die beiden Autoren sind der Ansicht, dass gerade in den modernen Unternehmen mit flachen Hierarchien und der Forderung nach ständigem Wandel und Unternehmergeist Psychopathen gut überleben können und sogar vorankommen. Die heutigen Organisationen sind nach Ansicht von Babiak und Hare durch schnelles Wachstum, häufige Reorganisationen, Fusionen und Übernahmen für Psychopathen viel attraktiver geworden.

Obwohl der Anteil der Psychopathen an der Gesamtbevölkerung nur bei etwa einem Prozent liegt, ist der von ihnen angerichtete soziale, wirtschaftliche, physische und psychische Schaden unverhältnismäßig groß. Die Untersuchungen von Babiak und Hare deuten darauf hin, dass weit mehr als ein Prozent der Manager und Führungskräfte in den Unternehmen Psychopathen sind. Als beste Gegenmaßnahme vor einer psychopathischen Unterwanderung in Organisationen schlagen Babiak und Hare eine größere Sorgfalt bei der Auswahl und Einstellung von Führungskräften vor. Dazu gehört die sorgfältige Überprüfung der Lebensläufe genauso wie eine genaue und sorgfältige Durchführung der Einstellungsgespräche. Um einen solchen Einstellungs- und Auswahlprozess zu verbessern, haben Babiak und Hare eine 107 Punkte umfassende Checkliste ausgearbeitet (s. http://www.b-scan.com).

3.1.5 Narzissmus und die Big Five

Persönlichkeitspsychologie versuchte schon immer diejenigen „grundlegenden Dimensionen" der Persönlichkeit herauszufinden und zu messen, die ausreichen sollten, die individuellen Unterschiede von Personen möglichst vollständig zu erklären. Es war u. a. der bekannte amerikanische Psychologe Cattell, der den sog. „lexikalischen Ansatz" mitbegründete. Dieser geht davon aus, dass es für alle Aspekte persönlicher Unterschiede, die irgendwie bedeutsam, interessant oder nützlich sind oder waren, im Laufe der Zeit bestimmte Wörter gab. Mit der Wichtigkeit einer individuellen Differenz zwischen Personen stieg auch die Wahrscheinlichkeit dafür, dass sie ein gesondertes Wort hervorbrachte. Folglich sollte die Sammlung der Begriffe eines Sprachraumes, mit denen individuelle Unterschiede beschrieben werden können, den Bereich der relevanten individuellen Differenzen abdecken.

Cattell kam durch seinen lexikalischen Ansatz auf sechzehn seiner Meinung nach grundlegende Persönlichkeitsfaktoren. Der von ihm entwickelte Fragebogen, der berühmt gewordene „16PF" (16 personality factors; Cattell 1949), diente dazu, diese zu messen. Erst den amerikanischen Forschern Paul Costa und Robert McCrae (1985) gelang es nachzuweisen, dass es – unabhängig von den Fragebogeninstrumenten, von statistischen Methoden, von der Art der Stichprobe und vom Kulturraum – fünf robuste Faktoren als stabile Grunddimensionen der Persönlichkeit gibt, die sowohl in Adjektivlisten identifiziert werden können, als auch in multidimensional aufgebauten Persönlichkeitsfragebögen. Sie fanden sich gleichermaßen in Selbst- wie in Fremdbeschreibungen von Personen durch Bekannte und Familienangehörige. Costa und McCrae entwickelten und veröffentlichten 1985 das Fünf-Faktoren-Inventar (NEO-Personality Inventory, NEO-PI) zur Messung dieser fünf Dimensionen. Ostendorf und Angleitner (Ostendorf 1990, Ostendorf und Angleitner 1992) von der Universität Bielefeld konnten die Struktur für den deutschen Sprachraum bestätigen. Demnach lässt sich jeder Mensch auf den folgenden fünf Skalen einordnen: *Neurotizismus, Extraversion, Offenheit für Erfahrungen, Gewissenhaftigkeit und Verträglichkeit*. Diese fünf Faktoren mit ihren schwachen und starken Ausprägungen werden in der nachfolgenden ▶ Tab. 3.1 dargestellt.

Tab. 3.1 Übersicht zum Big Five in Anlehnung an Wikipedia

Kürzel	Faktor	Schwach ausgeprägt	Stark ausgeprägt
N	Neurotizismus	selbstsicher, ruhig	Emotional, verletzlich
E	Extraversion	zurückhaltend, reserviert	gesellig
O	Offenheit für Erfahrungen	konsistent, vorsichtig	erfinderisch, neugierig
C	Gewissenhaftigkeit	unbekümmert, nachlässig	effektiv, organisiert
A	Verträglichkeit	kompetitiv, misstrauisch	kooperativ, freundlich, mitfühlend

Eine hohe oder niedrige Ausprägung bedeutet in diesem Zusammenhang, dass die Werte der Person sich signifikant vom Durchschnitt der jeweiligen Normstichprobe (Normwert) unterscheiden. Personen mit einer hohen oder niedrigen Ausprägung in einem der Faktoren weisen aber nicht zwingend alle Merkmale auf, welche für die Skala charakterisierend sind. Während Testverfahren auf Basis der Big Five in den USA inzwischen den Standard der Persönlichkeitsanalyse und Beratung markieren, ist die Persönlichkeitserfassung mit den Big Five in Europa erst auf dem Vormarsch.

Zwischen dem Konstrukt des Narzissmus und den Persönlichkeitsdimensionen des Big Five lassen sich verschieden starke Zusammenhänge finden, die nachfolgend dargelegt werden (Brands 2012, S. 44ff.).

Die gefundenen Korrelationen zur Dimension des Neurotizismus unterscheiden sich zwischen verschiedenen Studien. So finden einige Studien eine negative Korrelation, andere Studien weisen eine positive Korrelation nach (Fiedler 2007). Für einen positiven Zusammenhang spricht, dass narzisstische Persönlichkeiten ihren instabilen Selbstwert ständig regulieren müssen. Gelingt dies nicht, z. B. ausgelöst durch einen unerwarteten Mangel an Bestätigung, kann es zu einer Instabilität des Systems kommen (Buss und Chiodo 1991). Eine mögliche negative Korrelation der beiden Konstrukte kann dadurch erklärt werden, dass Narzissten in der Regel keine übermäßig erhöhten emotionalen Reaktionen aufweisen und auf Stress nicht ungewöhnlich empfindlich reagieren (Schütz et al. 2004).

In Bezug auf die narzisstische Persönlichkeit zeigt sich über verschiedene Studien hinweg eine hohe positive Korrelation mit der Dimension der Extraversion (Bradlee und Emmons 1992, Schütz et al. 2004). Anders als bei Menschen ohne narzisstische Störung sind jedoch die zugrunde liegenden Motive abweichend. Im Kontakt mit anderen Menschen suchen Narzissten nicht die zwischenmenschliche Beziehung, sondern wahren eher die Distanz. Sie instrumentalisieren vielmehr den Kontakt, um den eigenen Selbstwert zu regulieren. So werden auch emotional bedeutende Menschen nicht eigenständig wahrgenommen, sondern lediglich im Hinblick auf ihren Nutzen bewertet. Aufgrund der starken Überschneidungen der Konstrukte auf der Verhaltensebene kommt es aber zu der angesprochenen hohen Korrelation zwischen Narzissmus und Extraversion (Brands 2012, S. 45). Inhaltliche Gemeinsamkeiten zwischen der Dimension der Verträglichkeit und der narzisstischen Persönlichkeit sind nicht auszumachen. Der häufig anzutreffende Empathie-Mangel und das eher ausbeuterische Verhalten von Menschen mit einer narzisstischen Verhaltensdisposition stehen vielmehr im direkten Gegensatz zu hohen Ausprägungen dieser Dimension, sodass sich eher ein stark negativer Zusammenhang finden lässt (Bradlee und Emmons 1992; Schütz et al. 2004).

Eine leicht negative Korrelation als auch eine Nichtkorrelation zeigt sich auch bei der Dimension der Gewissenhaftigkeit. Dies kann so interpretiert werden, dass Narzissten zwar die Zielorientierung mit sehr gewissenhaften Personen teilen, sich jedoch in Bezug auf die Eigenschaften Verantwortung, Effizienz und Selbstdisziplin unterscheiden (Bradlee und Emmons 1992; Schütz et al. 2004)

In Bezug auf die Dimension der Offenheit für neue Erfahrungen zeigen Studien einen leicht positiven oder keinen empirischen Zusammenhang (Judge et al. 2006, Schütz et al. 2004). Narzissten wird zwar eine tendenziell erhöhte Kreativität und Vorstellungskraft zugeschrieben, doch teilen sie nicht die mit der Dimension verbundene Abenteuerlust und die Offenheit gegenüber von ihren Vorstellungen abweichenden Denk und Wertemuster (Gerstner 2011).

Fazit
In diesem ersten ▶ Abschn. 3.1 wurde deutlich, dass es sowohl konstruktive Seiten als auch destruktive Seiten des Narzissmus im Management gibt. Fast alle genannten Autoren vertreten die Ansicht, dass auf der einen Seite ein gesunder und konstruktiver Narzissmus eine wichtige, wenn nicht sogar eine grundlegende Voraussetzung für die Besetzung und erfolgreiche Bewältigung einer Managementposition darstellt. Auf der anderen Seite der Medaille kann jedoch die Gefährdungen destruktiver narzisstischer Verhaltensweisen bis hin zur Existenzgefährdung von Organisationen und Unternehmen reichen.

3.2 Interpersonelle und interaktionelle Aspekte narzisstischer Phänomene in Organisationen

Die vorangegangenen Ausführungen über Narzissmus im Management haben gezeigt, dass sich narzisstische Verhaltensweisen im Management meist auch in interpersonellen und interaktionellen Vorgänge manifestieren. Dies betrifft vorwiegend die Führungsbeziehung aber auch das Team oder die Gruppe von Menschen, die von der Führungskraft geleitet wird.

3.2.1 Narzissmus und Führung

Führung ist ein komplexer Prozess innerhalb eines dynamischen Systems. Der Führungsprozess vollzieht sich in Interaktionen, die durch Asymmetrie in Hinblick auf Macht und Einfluss gekennzeichnet sind. Am Führungsprozess sind sowohl wirtschaftliche und aufgabenrelevante als auch psychologische Faktoren beteiligt. Bei den psychologischen Faktoren gilt es, die bewussten und die unbewussten Interaktionen zu beachten. Eine (narzisstische) Führungskraft kann nicht aus sich heraus erfolgreich sein, sondern aktiviert in der Regel spezielle interaktionelle Dynamiken, die sowohl bewusste als auch unbewusste Inhalte haben.

Kernberg (1998) weist darauf hin, dass selbst in hervorragend geführten Organisationen der Leiter in der Regel regressiven Prozessen in seinem Umfeld ausgesetzt ist. Für Kernberg resultieren die regressiven Prozesse in der Führungssituation aus den universalen Übertragungsdispositionen sämtlicher Organisationsmitglieder. Die kumulativen Auswirkungen all dieser Übertragungsdispositionen manifestieren sich nach Ansicht von Kernberg in der Idealisierung der Führungskraft. Diese Idealisierung stimuliert dessen eigene narzisstische Tendenzen und zugleich die paranoide Ängstlichkeit ihm gegenüber. Diese Übertragungsdispositionen in der Führungssituation kann in Anlehnung an Willi auch als narzisstische Kollusion bezeichnet und beschrieben werden. Der Vorgesetzte übernimmt den progressiven, narzisstischen und der Mitarbeiter den regressiven, komplementär-narzisstischen Part. Der Mitarbeiter befindet sich somit in einer idealisierenden Übertragung, der Vorgesetzte in Folge in einer Spiegelübertragung (Willi 1975, Mertens und Lang 1991). Die eigentliche Aufgabe der Führung besteht daher darin, diese Dichotomie zu schließen. Dies erfordert zunächst, die Position der Mitarbeiter auszuhalten (Containment-Funktion des Führenden) und zu verstehen; danach die Mitarbeiter partizipativ zu aktivieren, ohne dass sie sich bedrängt fühlen und sich weiter verschließen. Dazu ist es notwendig, den Rollenunterschied zu respektieren und die eigene Rolle zu reflektieren sowie Übertragungs- und Gegenübertragungsprozesse ansatzweise zu identifizieren.

Mertens und Lang fordern daher, dass eine erfolgreiche Führungskraft neben wirtschaftlichen, fachlichen und sozialen Kompetenzen auch Fähigkeiten zum Wahrnehmen unbewusster Prozesse in Organisationen mitbringen sollte. Zu diesen Kompetenzen zählen sie die Fähigkeiten:

- *Übertragungen zu verstehen*: Eine Führungskraft sollte die unbewussten Anteile in den Beziehungsangeboten ihrer Mitarbeiter zumindest ansatzweise wahrnehmen und verstehen können.
- *Ambivalenzen zu erkennen*: Die grundsätzliche Ambivalenz in der Beziehung zwischen Vorgesetzten und Mitarbeitern sollte von Führungspersonen richtig verstanden und auch ertragen werden.
- *Rivalitäten in konstruktive Bahnen zu lenken*: Eine Führungskraft sollte Rivalität als ein beinahe unvermeidliches zwischenmenschliches Phänomen verstehen und in der Lage sein, sie in konstruktive Bahnen zu lenken.
- *Ideale zu erkennen und sie zu verbinden*: Führungskräfte sollten in der Lage sein, die Wünsche und Ziele der Mitarbeiter mit denen des Unternehmens oder der Organisation zu verbinden.
- *Idealisierungen abzubauen*: Da Mitarbeiter an ihre Vorgesetzte auch idealisierende Wünsche (nach einem idealen Vater oder einer idealen Mutter) herantragen, müssen diese durch die Führungskraft schrittweise auf ein realistisches Maß reduziert werden (Mertens 1981, S. 171).

Mertens und Lang unterscheiden dabei in idealisierende Übertragungen, Spiegelübertragungen, paranoide Übertragungen und ödipale Übertragungsmuster (Mertens und Lang 1991, S. 97ff.).

Bei den Aussagen insbesondere von Kernberg aber auch von Mertens und Lang werden eher ganz normale (narzisstische) Dynamiken beschrieben, wie sie in der Führungssituation aufgrund der ihr innewohnenden Dichotomie entstehen. Wenn diese Situation aber nochmals von einer narzisstischen Verhaltensdisposition der Führungskraft befeuert wird, geschehen genau die Prozesse, die Petermann mit seinem Konstrukt des „expanded self" (▶ Abschn. 2.2.3) beschrieben hat und deshalb hier nochmals stark verkürzt aufgezeigt werden:

- Woran erkenne ich beim anderen, dass dieser ein „expanded self" (eine narzisstisch infizierte Führungssituation – Anm. d. Autors) mit mir herstellt?
    - Je nach dessen Niveau, ob grob oder indirekt subtil, gibt der andere ein Bild von sich, das einem Idealselbst entspricht. Es fehlen die Bruchstellen.
    - Der andere wird unangenehm, wenn ich seine Definition von mir zurückweise oder versuche, mich selbst zu definieren.
    - Der andere belohnt mich, wenn ich bereit bin, sein idealisiertes Selbstbild zurückzuspiegeln.
    - Der andere gibt Informationen über sich – sei es durch sein direktes Verhalten, seine Körpersprache oder durch indirekte Äußerungen –, die deutlich machen, wie sehr ihm an kontrollierender Macht sowie an seinem Bild von sich selbst liegt.
- Woran kann ich bei mir selbst erkennen, dass ich mich im „expanded self" (in einer narzisstisch infizierten Führungssituation – Anm. d. Autors) eines Anderen befinde?
    - Mein Selbstwert geht zurück.
    - Ich verliere meine Spontaneität.

3.2 · Interpersonelle und interaktionelle Aspekte narzisstischer Phänomene in Organisationen

- Das neurotische Potenzial in meinem Verhalten nimmt zu. Mein Verhaltenspotenzial wird eingeschränkt, meine Reaktionsbildungen nehmen zu.
- Ich fühle mich mit meinem Bild von mir selbst und in mir selbst diffus unbehaglich und merke, wie ich anfange, einem fremden Bild von mir zu entsprechen.
- Ich werde in der aktuellen Situation unempfindlich und blind gegenüber unverschämten, anmaßenden oder verletzenden Äußerungen meines Gegenübers.
- Ich drücke meine diffusen, gestauten Konflikte durch Agieren aus, so, wie es meinem eigenen neurotischen Potenzial entspricht. Unter Agieren sind hier auch somatische Phänomene gemeint. Sie können von allgemeinen Stresserscheinungen, Kopfschmerzen, Übelkeit bis hin zu schweren Erkrankungen reichen, wenn das Ausmaß der narzisstischen Beziehungsstruktur sowie die eigene Disposition entsprechend gravierend sind.
- Ich spüre, wie ich beeinflusst werde, jedoch mein Gegenüber nicht mit meinen wirklichen Impulsen beeinflussen kann.
- Ich tendiere dahin, mich anders zu verhalten, als ich es gewohnt bin, und fühle mich in solchen Kontakten diffus angestrengt.

Diese aufgezeigten narzisstischen Führungsdynamiken machen auch deutlich, worum so häufig das Thema „Führung" im Management-Coaching auftaucht. Meist versucht die unreflektierte narzisstische Führungskraft seine Techniken zur Erzeugung eines „expanded self" zu perfektionieren, worauf ein reflektierter Management-Coach auf keinen Fall reinfallen sollte. Der Mitarbeiter, der sich in einer solchen narzisstisch infizierten Führungssituation befindet, leidet meist. Hier ist einerseits eine biografische Aufarbeitung eigener passiv-komplementärnarzisstischer Anteile hilfreich, andererseits aber auch das Erlernen eines adäquaten Umgangs mit einer narzisstischen Führungskraft. Haller (2016, S. 35) führt dazu in einem Artikel über Regeln im Umgang mit Narzissten aus, dass es besonders bei den unangenehmen Ausprägungen des Narzissmus helfen kann, hinter die Fassade zu blicken, indem man z. B. hinter dem Selbstlob des Narzissten seine Selbstzweifel und hinter dem Niederbrüllen das hilflose Schreien eines Kindes erkennt. Ferner nennt er das für ihn Wichtigste in der Begegnung mit narzisstischen Menschen: *Humor, den der Narzisst fürchtet wie der Teufel das Weihwasser – man könnte ihn ja verlachen –, der aber den Menschen in seiner Umgebung Gelassenheit gibt und den Umgang mit Narzissten erträglicher macht* (ebd.).

3.2.2 Narzissmus und regressive Prozesse in Arbeitsgruppen

Bion (1887–1979), ein englischer Psychoanalytiker, schildert in seinen Schriften zur Gruppendynamik typische Gruppenkonstellationen und Gruppenfunktionsniveaus, die in Teams und Gruppen entstehen können. Er unterscheidet dabei zwei grundsätzliche Funktionsniveaus: die rationalere bzw. besser differenzierte *Arbeitsgruppe* („work group") und die stärker von unbewussten Prozessen und Affekten geprägte, undifferenziertere *Grundannahmegruppe* („basic assumption group"; Bion 1961).

Für Bion hat jede Gruppe und jede Organisation eine „primäre Aufgabe"[3] zu bewältigen. Diese „primäre Aufgabe" ist gleichzeitig der Existenzgrund für die Organisation bzw. die Arbeitsgruppe. Bei der Bearbeitung der primären Aufgabe gibt es immer ein damit verbundenes primäres Risiko – die falsche primäre Aufgabe zu wählen und damit die Arbeitsgruppe bzw. die Organisation in ihrer Existenz zu gefährden (Hirschhorn 2000).

---

3 Das Konzept der primären Aufgabe geht ebenfalls auf Bion zurück (Nagel 2007, S. 279). Heute würde man wohl von Unternehmenszweck, Aufgabe oder Mission sprechen.

Das primäre Risiko löst somit Angst aus. Diese Angst muss aufgenommen und verarbeitet werden. Gelingt diese Verarbeitung nicht, kommt es zu psychosozialen Abwehrmechanismen. Auf der Gruppenebene entstehen in der Interpretation von Bion dadurch die sog. *Grundannahmegruppen* (Lohmer 2000, S. 27; 2007, S. 230).). Unbewusste Prozesse steuern die Gruppe, psychosoziale Abwehrmechanismen überwiegen, die Gruppe nimmt die Realität nur noch verzerrt wahr.

Die *Arbeitsgruppe* hingegen ist an ihrer Arbeitsaufgabe ausgerichtet. Die Erfüllung der Aufgabe steht im Zentrum der Gruppenaufmerksamkeit. Es herrscht eine rationale Atmosphäre, das Verhältnis von Führung und Geführten ist relativ spannungsfrei. Die Realität wird angemessen berücksichtigt und die Arbeit der Gruppe wird nicht von unbewussten Dynamiken beeinträchtigt (Nagel 2007, S. 278ff.). Jede Gruppe bewegt sich ständig zwischen den beiden Zuständen der Arbeitsgruppe und der Grundannahmegruppe hin und her. Aufgabe der Führungskraft ist es, die Gruppe so gut wie möglich im Modus einer Arbeitsgruppe zu belassen. Im Einzelnen lassen sich nach Bion drei Formen unbewusster *Grundannahmen* unterscheiden:

1. *Kampf/Flucht*
   Im Mittelpunkt der unbewussten Phantasien einer Kampf-/Fluchtgruppe steht die Befürchtung, dass es irgendwo einen gefährlichen Feind gibt, vor dem man sich schützen muss. Die wichtigste Aufgabe des Gruppenleiters besteht darin, die Gruppe zu mobilisieren und dazu gibt es nur zwei Alternativen: Angriff oder Verteidigung.
2. *Abhängigkeit*
   Bei dieser Grundannahme steht der (unbewusste) Wunsch der Gruppe, von einem mächtigen Führer beschützt und angeleitet zu werden, im Vordergrund. Die Gruppenmitglieder suchen nach einem omnipotenten Führer, auf den sie sich bis zur Selbstaufgabe verlassen können. Die Mitglieder wollen mit dem als allmächtig fantasierten Führer verschmelzen und dadurch an seiner Macht teilhaben.
3. *Utopie*
   Im Mittelpunkt der unbewussten Fantasie „utopischer" Gruppen steht die messianische Hoffnung, dass sich künftig alles zum Guten wenden wird und die Gruppenmitglieder von ihren Konflikten und Ängsten befreit werden. Diese Gruppen leben von der Illusion, dass ein neuer Führer oder eine neue Idee in der Zukunft all ihre Probleme lösen wird (Bion 1961, S. 106ff; Mertens und Lang 1991, S. 125f.); Kets de Vries und Miller 1985, S.47ff; Dammann 2007, S. 112ff.).

Nach Ansicht des Autors sind alle drei Grundannahmegruppen von Dynamiken geprägt, die Elemente einer narzisstischen Kollusion beinhalten und von einer – sicherlich in den drei Formen unterschiedlichen – narzisstischen Führungspersönlichkeit geleitet werden. In dieser narzisstischen Kollusion übernimmt die (narzisstisch-grandiose) Führungskraft den aktiven Part und die Mitglieder der Gruppe den passiven Part. Eine Führungsperson, die über ein kritisches Urteilsvermögen, d. h. über eine ausreichende Selbstreflexion der eigenen narzisstischen Anteile und über tiefenpsychologisches und gruppendynamisches Wissen verfügt, ist eher in der Lage, die Regression von Arbeitsgruppen zu begrenzen und sie damit auf einem hohen arbeitsfähigen Niveau zu halten (Mertens, Lang 1991).

Fazit

In diesem ▶ Abschn. 3.2 wurde deutlich, dass auch den interpersonellen und interaktionellen Aspekten (Führung und Gruppenregression) in Organisationen eine entscheidende Rolle zukommt und somit in einem Management-Coaching unter besonderer Berücksichtigung narzisstischer Phänomene unbedingt beachtet werden müssen.

3.3 Narzisstische Verhaltensweisen von Organisationen

Für Yiannis Gabriel, Professor für Studien über Organisationen an der Barth University, werden Organisationen als Teil der Gesellschaft zu Stätten, in denen weitreichende soziale und kulturelle Dynamiken stattfinden. Seiner Ansicht nach können Organisationen unterschiedliche Psychostrukturen aufweisen. Diese kommen in den unterschiedlichen kulturellen und sozialen Artefakten zum Ausdruck, die Organisationen verwenden, um ihre Identität darzustellen (Kommunikationsmuster, Logos, Gebäude, Büros, Sprache, Organisationsstrukturen etc.). All diese organisationalen Artefakte ermöglichen Einblicke in die von Organisationsmitgliedern bewusst oder unbewusst geteilten Fantasien.

Breitere kulturelle Strömungen – wie Narzissmus – werden so zu einem Teil der Psychostruktur von Organisationen und wirken sich auf organisationale Phänomene wie Führung, Kommunikation und die Beziehung zwischen Gruppen aus (Gabriel 2009, S. 19f.). Wird eine Organisation dauerhaft von Führungskräften geleitet, die durch starke narzisstische Verhaltensweisen geprägt sind, verselbstständigen sich diese Prozesse und werden zu Charakteristiken der Organisation.

3.3.1 Zusammenhang zwischen oberster Unternehmensleitung, Kultur, Strategie und Struktur einer Unternehmung

Kets de Vries vertritt die Auffassung, dass in Unternehmen mit stark zentralisierter Macht eine bemerkenswerte Korrelation zwischen Person und Führungsstil des Leiters sowie der Unternehmenskultur, der Strategie und der Struktur besteht. Die vorherrschende psychologische Ausrichtung der Schlüsselperson(en) in einer Organisation bildet seiner Ansicht nach die wichtigste Determinante des neurotischen Stils dieser Organisation. Er betont aber auch, dass die Organisationspathologie nicht notwendigerweise das Ergebnis pathologischer Führung sein muss. Sie kann verschiedene Gründe und auch Kombinationen von Gründen haben, wie z. B. Umsatzeinbruch der Branche, starke (ausländische) Konkurrenz, Firmenübernahme, mangelnde Finanzkraft etc.

Kets de Vries zeigt fünf weit verbreitete und etablierte intrapsychische Themen und neurotische Stile auf und stellt Mutmaßungen über den Zusammenhang von Stil, vorherrschender motivierender Fantasie, Unternehmenskultur sowie Strategien und Strukturen in der Organisation an. Diese Stile sind *die dramatische, die misstrauische, die unnahbare, die depressive und die zwanghafte Führungspersönlichkeit bzw. Organisation.*

Nachfolgend wird lediglich die dramatische Leitung bzw. Organisation dargestellt, da nach Meinung von Kets de Vries das Schlüsselmerkmal für diesen Stil der ausgeprägte Narzissmus der Führungskräfte ist. Außerdem sind nach der Beobachtung von Kets de Vries die Narzissten in der Welt der Unternehmen am häufigsten vertreten. Die anderen vier Stile werden anschließend in der ▶ Tab. 3.2 zusammenfassend dargestellt.

Die dramatische Persönlichkeit und Organisation

Der Wunsch aufzufallen und Fantasien von Macht und Pracht stehen im Zentrum des dramatischen Stils. Die Führungskräfte wollen beeindrucken und die Aufmerksamkeit auf sich lenken. Sie übertreiben gerne ihre Leistungen, ihre Fähigkeiten und ihre Gefühlsäußerungen. Ihr starkes Bedürfnis nach Abwechslung und Anregung geht zulasten von Disziplin und Konzentration. Oberflächlich geben sie sich warm und herzlich, aber es fehlt die Verbindlichkeit, das Einfühlungsvermögen und die Achtung vor anderen. Ihre Beziehungen sind eher instabil und sie neigen

Tab. 3.2 Die fünf häufigsten Konstellationen nach Kets de Vries (2001, S. 143, © Pearson, Financial Times Prentice Hall)

Organisation	Leitung	Kultur	Strategie	Leitthema
Dramatisch				
Übertriebene Zentralisierung verhindert effiziente Informationssysteme; zu primitiv für die Produktvielfalt und Marktbreite; Führungskräfte aus der zweiten Reihe haben zu wenig Einfluss	Lechzt nach Aufmerksamkeit; süchtig nach Abwechslung, Aufregung und Anregung; neigt zu Anspruchsdenken und Extremen	Spricht dependente Persönlichkeiten an, die sich gern unterordnen und die Fürsorge dem Chef überlassen; typisch sind „Idealisierungen" und „Spiegeln"; Leitungskraft als Katalysator von Initiative und Arbeitsmoral der Untergebenen	Hyperaktiv, impulsiv, abenteuerlustig und gefährlich enthemmt; Nährboden für kühne, einsame Entscheidungen der Führungskräfte; unkoordiniertes Portfolio und Wachstum; anfällig für blinden Aktionismus; Entscheidungsfindung ohne Beteiligung der Mitarbeiter	„Ich will Aufmerksamkeit erregen und Menschen, die mir wichtig sind, beeindrucken."
Misstrauisch				
Ausgefeilte Informationssysteme, ausführlichste Analyse externer Trends; Machtbündelung	Stets auf der Hut vor Angriffen und Drohungen; überempfindlich, misstrauisch; auf Regeln und Kleinigkeiten bedacht, um sich vollständige Kontrolle zu sichern; lechzt nach Informationen; manchmal rachsüchtig	„Kampf und Krampf"; Abhängigkeiten und Angst vor Angriffen; übertrieben hoher Stellenwert der Information; fördert Einschüchterung, Uniformität und Verdächtigung	Konservativ, wenig Initiative; allzu analytisch, übertrieben diversifiziert, voll von Geheimniskrämerei	„Ich werde von etwas bedroht. Ich muss wachsam sein und kann wirklich niemandem trauen."
Unnahbar				
Die Binnenperspektive dominiert, das ökonomische Umfeld wird vernachlässigt; selbst verschuldete Hemmung des Informationsflusses	Zurückgezogen und unbeteiligt; nicht an der gegenwärtigen oder zukünftigen Entwicklung interessiert; mitunter nicht empfänglich für Kritik oder Lob	Kalt und emotionslos, konfliktreich; von Machtkämpfen und Unsicherheit geplagt	Schwankend, unentschieden und inkonsistent; engstirnige, selbstsüchtige Ambitionen	„Die Wirklichkeit bietet keine Befriedigung. Zwischenmenschliche Kontakte sind zum Scheitern verurteilt, es ist besser, man lässt die Finger davon."

3.3 · Narzisstische Verhaltensweisen von Organisationen

Tab. 3.2 Fortsetzung

Organisation	Leitung	Kultur	Strategie	Leitthema
Depressiv				
Typisch sind Rituale, Bürokratie, Inflexibilität, steile Hierarchie, unzureichende interne Kommunikation und Widerstand gegen Veränderungen	Mangelndes Selbstvertrauen, Minderwertigkeitskomplexe, nicht erfolgsgewohnt (duldet daher Mittelmaß und Versagen); auf der Suche nach dem „Messias"	Passiv, ohne Eigeninitiative und Motivation; fehlende Marktkenntnisse; Machtvakuum, selbstunsicheres Verhalten	Entscheidungsangst, Nabelschau, fehlende Marktbeobachtung; lässt sich treiben, orientierungslos; beschränkt auf überalterte, reife Märkte	„Kurswechsel haben keine Aussicht auf Erfolg: Ich kann den Lauf der Dinge nicht ändern. Ich bin einfach nicht gut genug."
Zwanghaft				
Starre Formvorschriften, ausgefeilte Informationssysteme, rituelle Bewertungsmethoden; extreme Genauigkeit und Gründlichkeit, der Status der Führungskräfte bestimmt sich allein nach ihrem Rang in der Hierarchie	Würde am liebsten alles von oben bestimmen, besteht darauf, dass sich jeder an die Vorschriften hält; dogmatisch bis starrsinnig; perfektionistisch, detailverliebt, besessen von Routinen, Ritualen, Effizienz, begeistert von militärischem Drill	Stur, auf Interna fixiert, wie auf einer Insel; bevölkert von unterwürfigen, fantasielosen, unsicheren Angestellten	Genau durchkalkuliert, zielorientiert, extrem gründliche Bewertung; schwerfällig und unfähig zur Anpassung; thematisch beschränkt, besessen von einem Aspekt (z. B. Kosten- oder Qualitätskontrolle) zulasten anderer Aspekte	„Ich will den Ereignissen nicht auf Gedeih und Verderb ausgeliefert sein. Ich muss alles, was mich betrifft, unter Kontrolle haben und beherrschen."

mitunter zu Zorn und Wut, sollte ihr Hunger nach Macht, Erfolg und öffentlichem Ansehen nicht ausreichend befriedigt werden.

Im Unternehmen eines dramatischen Führers sind dependente (passiv-komplementärnarzisstische – Anm. d. Autors) Mitarbeiter überproportional häufig vertreten. Sie sorgen für den reibungslosen Betrieb und ordnen eigene Bedürfnisse denen des Vorgesetzten unter. Sie idealisieren den dramatischen Führer, betonen dessen Stärken und ignorieren dessen Fehler. Die Mitarbeiter sind leicht zu lenken und lassen sich problemlos für fremde Zwecke einspannen. Es liegt eine narzisstische Kollusion vor.

In der charismatischen Unternehmenskultur (Kets de Vries verwendet an dieser Stelle dramatisch und charismatisch synonym – Anm. d. Autors) dreht sich alles, einschließlich der Hoffnungen und Ambitionen anderer Führungskräfte, um den dramatischen Führer, der wiederum seine Ziele durchsetzt und seinen Anspruch auf Alleinherrschaft kontinuierlich untermauert. Es entsteht ein unhinterfragtes Klima der Unterordnung. Das mittlere Management verschwendet seine Zeit nicht mit kritischen Reflexionen oder Analysen. Die formale und die informale Macht des Führers drücken sich in kühnen und einsamen Entscheidungen aus. Dramatische Unternehmen sind hyperaktiv, impulsiv und gegenüber Abenteuern nicht abgeneigt. Sie begünstigen auf allen Ebenen spontane Entscheidungen und stellen Mutmaßungen über Fakten. Eine planvolle Vorgehensweise liegt selten vor, vielmehr finden sich z. B. vielfältige Absatzstrategien auf verschiedenen Märkten. Für die oberste Managementebene besteht das Privileg, sich auf waghalsige Geschäfte einzulassen.

Risikofreude und Diversifizierung sind die Themen der dramatischen Organisation. Das Ziel ist Wachstum um den Narzissmus des Topmanagements zu befriedigen. Man investiert in riskante Operationen und es besteht die Gefahr der Zersplitterung in überdimensionierte Megaprojekte[4]. Dramatische Organisationen sind häufig primitiv und zentralistisch strukturiert. Informationen werden nicht systematisch nach innen und außen kommuniziert. Es gibt wenige Analysen, da der dramatische Führer sich eher auf seine Intuition verlässt (Kets de Vries 2001, S. 129ff.).

Kets de Vries empfiehlt dramatischen Unternehmen folgende Schritte, um die Balance wiederherzustellen:
- Profil schärfen und Verlustbringer eliminieren,
- kohärente Strukturen schaffen,
- zuverlässige Koordinaten und Kontrollen einführen,
- Kerngeschäft wiederbeleben und Megaprojekte einstampfen,[5]
- Führungsnachwuchs entwickeln und die Nachfolge planen.

Die nachfolgende ▶ Tab. 3.2 zeigt überblicksartig die fünf von Kets de Vries beschriebene Stile oder Typologien von Persönlichkeit und Organisation.

Kets de Vries bseschränkte sich aus Gründen der Vereinfachung auf die Beschreibung der reinen Form der fünf häufigsten „Krankheitsbilder" von Unternehmen. In der Realität gibt es seiner Ansicht nach zahlreiche Überschneidungen und Mischformen, sowohl was die Personen als auch die Organisationen betreffen. Zusätzlich kann sich ein Unternehmen, in Abhängigkeit von der Person des Vorstandsvorsitzenden und dem Entwicklungsstadium, in dem sich eine

---

4   Man denke dabei z. B. an die Entwicklung der Daimler-Benz AG unter der Leitung von Edzard Reuter und Jürgen Schrempp.
5   Dies waren alles Aufgaben, die Dieter Zetsche umgesetzt hat und Daimler damit wieder erfolgreich machte – Anm. d. Autors.

Organisation befindet, von einem zum anderen Stil bewegen. Wobei ein Stil in einer bestimmten Phase konstruktiv und in einer anderen Phase destruktiv sein kann. Ein Übermaß eines Stiles ist seiner Meinung nach jedoch meist pathologisch.

Die vorgestellte Typologie ist seiner Ansicht nach aus drei Gründen bei der Beurteilung der Vitalität eines Unternehmens bzw. beim Aufspüren von pathologischen Zügen hilfreich:
1. Die Organisationsanalyse fahndet direkt nach Typen (und den in ihnen wirksamen psychologischen und kulturellen Faktoren) und vermeidet unnötige Komplikationen durch die kleinschrittige Untersuchung einer Variablen nach der anderen.
2. Man arbeitet mit einem umfassenden Verständnis der Persönlichkeit, eruiert den passenden übergeordneten Stil, der den größten Teil des Verhaltens erklärt, und umgeht damit die zu enge Betrachtung von Affekt und Kognition.
3. Man packt die strategischen, strukturellen und kulturellen Probleme innerhalb der Organisation bei der Wurzel (Kets de Vries 2001, S. 141).

Durch dieses Vorgehen wird laut Kets de Vries die eigentliche Ursache deutlich, die sich in einem Cluster verschiedener Symptome niederschlägt und die Wahl der angemessenen Gegenmaßnahmen erleichtert. Seine abschließende Bemerkung zu Veränderungsmaßnahmen und Interventionen ist für ein Management-Coaching von zentraler Bedeutung: „ … jedes Rezept, das den neurotischen Stil einer Organisation beheben soll, muss den neurotischen Stil der obersten Führungskraft bedenken" (ebd., S. 142).

3.3.2 Das „narzisstisch infizierte Unternehmen"

Eidenschink (2003) geht in einem Artikel der Frage nach, wie Unternehmen mit ihrer Kultur, ihren Organisationsroutinen, ihren Teams und Mitarbeitern auf Führungskräfte mit narzisstischer Erlebniswelt reagieren. Bei seiner Analyse geht es ihm hauptsächlich um die Frage, welche problematischen mittel- bis langfristigen Entwicklungen wahrscheinlich sind.

Menschen mit narzisstischen Erlebniswelten machen nach Ansicht von Eidenschink aufgrund ihrer Fähigkeit, beschränkende Faktoren (unbewusste Komplexitätsreduktion) zu ignorieren, Karriere. Dies ermöglicht eine radikale Transformation von Unternehmen. Zudem können sie sich und das Unternehmen gut in den Medien repräsentieren und besitzen rhetorische Begabung. Sie können aus der narzisstischen Erlebniswelt heraus gut Visionen im Sinne erstrebenswerter Zukunftsentwürfe generieren, können begeistern und Aufbruchsstimmung hervorrufen. Ferner finden sie schnell heraus, was von ihnen erwartet wird und werden deshalb meist positiv beurteilt.

Aufbauend auf diesen Eigenschaften und Verhaltensweisen narzisstischer Führungspersonen stellt Eidenschink die Reaktionswahrscheinlichkeiten und wiederkehrenden Reaktionsmuster dar, die Organisationen auf solche Führungskräfte zeigen. Als zentrale Merkmale „narzisstisch infizierter Unternehmen" nennt er:
1. *Einschränkung der Umweltwahrnehmung*
   Ein wesentliches Merkmal narzisstischer Erlebnisweisen ist die Schwierigkeit, abweichende, insbesondere kritische Sichtweisen von anderen gelten zu lassen. Der Verlust der Fähigkeit, unliebsame Informationen von außen aufzunehmen, kann mit der Zeit in die Organisation diffundieren. Informationen, die die Leitung destabilisieren, werden solange einer Bearbeitung unterzogen, bis sie „gefallen". Problematische Informationen aus dem Unternehmen werden bagatellisiert oder verschwiegen. Dabei

wird die Zukunft so überwertig (Idealorientierung), dass die Gegenwart nicht mehr zählt.
2. *Kompensatorischer Kompetenzverlust der Kompetenten*
Da Kritik eine Bedrohung für Menschen mit narzisstischer Erlebniswelt darstellt, beginnen die Mitarbeiter, kompensatorisch an sich selbst, ihren Wahrnehmungen und Deutungen zu zweifeln und nicht am narzisstischen Chef. Die innere oder äußere Kündigung der kompetentesten Mitarbeiter ist dann nur noch eine Frage der Zeit.
3. *Selbstimmunisierung der Führungsclique*
Da die Deutungshoheit ausschließlich an der Spitze der Organisation verankert ist, ist es für mittlere Führungskräfte und hierarchisch noch weiter unten angesiedelte Mitarbeiter nutzlos, sich eigenständig Gedanken zu machen. Resignation oder verdecktes Opponieren greifen um sich. Es kommt zu einer Immunisierung des ganzen Unternehmens mit z. T. existenzbedrohenden Auswirkungen.
4. *Abnehmende Innovations- und Lernfähigkeit des Unternehmens*
Führungskräfte in narzisstischen Erlebniswelten sind gut darin, etwas zu verändern, was andere gemacht haben. In der Regel sind sie jedoch schlecht darin, eigene alte Entscheidungen zu revidieren. Da Fehler nur schwer als Lernstimulus begriffen werden können, werden sie ausgeblendet. Es entsteht ein Klima von Fiktionen und illusionären Zielen, in dem Versäumnisse und Fehler mit neuen Fiktionen und illusionären Zielen beantwortet werden (Eidenschink 2003, S. 10ff.).

Auf diese Weise schließt sich für Eidenschink der Kreis:

> Nach der Oberhoheit über die Interpretation der Umwelt (Punkt 1), dem Verlust der internen Kritiker und der internen Kompetenz (Punkt 2) und dem Rückzug in den Elfenbeinturm (Punkt 3) verliert das Unternehmen durch die mangelnde Fähigkeit zu innerlicher und äußerlicher Selbstkritik der Leitung die letzte Möglichkeit, Vergangenes zu revidieren und Verbrauchtes neu zu beleben (Punkt 4). (Ebd., S. 13)

Nach seiner Beobachtung dauert es je nach Marktlage und Unternehmensumfeld zwischen zwei bis fünf Jahren, bis das Unternehmen entweder insolvent ist oder sich durch einen „Befreiungsschlag" von der narzisstischen Infektion befreit.

3.3.3 „Corporate Narcissism"

Für Krainz (1998) zählt insbesondere in der „postmodernen" Gesellschaft nichts mehr als die individuelle „Performance". Demselben Prinzip unterliegen seiner Meinung nach auch Firmen: „Corporate Performance", „Corporate Identity" und schließlich mit der entsprechenden Gefühlsbeimengung der „Corporate Narcissism". Ideologeme des Wirtschaftslebens wie Konkurrenz, Risikofreudigkeit, Wachstumsorientierung, die „Uniqueness" der „Selling Position", das Herausstellen von „Excellence" lassen sich für ihn mit nur leicht verschobener Konnotation durchaus als organisatorisch-narzisstische Systempathologie einstufen. Die Lust an Größe und Wachstum, das Hinaustreten über bestehende Grenzen und das Eindringen in noch unbekannte Räume sind für Krainz einerseits normale, andererseits aber auch „phallisch narzisstische" Verhaltensweisen heutiger moderner Organisationen. Ursächlich sind es individuelle narzisstische Gefühlslagen, die solche Manöver begleiten, wenn nicht sogar verursachen.

3.3.4 Die „psychopathische Organisation"

Es ist zu fragen, ob es – genauso wie beim individuellen Narzissmus – auch bei Organisationen ein Kontinuum vom gesunden, konstruktiven über einen destruktiven bis hin zu einem psychopathischen Narzissmus existiert. Der schon im ▶ Abschn. 3.1.4 über Psychopathen im Management erwähnte R. D. Hare kommt während eines Interviews in dem preisgekrönten Dokumentarfilm *The Corporation*[6] zu dem Ergebnis, dass man zwar die Einstellung, die Philosophie und das Verhalten eines bestimmten Unternehmens (als juristische Person) als psychopathisch betrachten kann – zumindest in Form eines Gedankenspiels –, diese „Diagnose" aber kaum für alle Unternehmen oder auch nur die meisten gelten würde (Babiak und Hare 2006, S. 81).

Der Rechtswissenschaftler und Autor des oben genannten Filmes *The Corporation*, Joel Bakan (2004), spricht in seinem Buch *Das Ende der Konzerne* jedoch ganz offen und ganz deutlich von psychopathischen Unternehmen. Das Unternehmen selbst dürfte seiner Ansicht nach nicht so leicht der Psychopathie-Diagnose entgehen. Denn anders als die Menschen, die es bevölkern, ist es ausschließlich an sich selbst interessiert und in jeder Hinsicht unfähig, echte Anteilnahme für andere zu empfinden. Für ihn ist es daher nicht überraschend, dass Hare etliche Übereinstimmungen feststellte, als er seine Diagnose-Checkliste der psychopathischen Merkmale mit den Charaktereigenschaften der großen Konzerne verglich.

Menschliche Psychopathen verstehen es aufs Beste, ihre egozentrische Persönlichkeit hinter einer einnehmenden Fassade zu verbergen. Für Bakan ist diese Fassade für Unternehmen das Konzept der Corporate Social Responsibility (CSR).[7] Obwohl sich die Unternehmen interessiert am Wohl der Gesellschaft zeigen, fehlt ihnen in Wirklichkeit oft die Fähigkeit, sich für andere oder andere Belange als die eigenen zu interessieren.

Für Robert A. Monks (1998), einem der wichtigsten und einflussreichsten Unternehmer Amerikas und Mitbegründer und Entwickler der Corporate-Governance-Bewegung, ist die Kapitalgesellschaft eine Externalisierungsmaschine. Das Problem besteht für ihn darin, dass die Dynamik von Kapitalgesellschaften die Interessen der Menschen aus Fleisch und Blut unberücksichtigt lassen (Bakan 2004, S. 89).

Fazit
Die Ausführungen in diesem ▶ Abschn. 3.3 haben gezeigt, dass sich narzisstische Verhaltensweisen sowohl innerhalb als auch außerhalb von Organisationen verselbstständigen können und dies auch schon vielfach getan haben. Man kann daher durchaus von narzisstischen Verhaltensweisen von Organisationen, von „organisatorischem Narzissmus" und vielleicht auch von einem „Corporate Narcissism" oder einer „psychopathischen Organisation" sprechen, den es in einem Management-Coaching zu berücksichtigen gilt.

Zieht man noch jüngere Veröffentlichungen in Betracht, wie die viel beachteten Bücher *Spiral Dynamics* von Beck und Cowan (2007), die das Modell von Clare Graves weiterentwickelt haben sowie *Reinventing Organizations* von Laloux (2015), dann stellt sich die Frage, auf welchem Niveau oder welcher Ebene Organisationen verharren, die von vorwiegend narzisstischen geprägten

---

[6] The Corporation ist ein kanadischer Dokumentarfilm aus dem Jahr 2003, der eine kritische, sehr unkonventionelle Analyse des Verhaltens moderner Großunternehmen und des Kapitalismus liefert. Er wurde von dem Rechtswissenschaftler Joel Bakan geschrieben und von Mark Achbar und Jennifer Abbott produziert.
[7] Für den Begriff Corporate Social Responsibility (CSR) gibt es keine eindeutige Definition. Weit verbreitet ist gegenwärtig die Auslegung der Europäischen Kommission, die CSR als „ein Konzept definiert, das den Unternehmen als Grundlage dient, auf freiwilliger Basis soziale Belange und Umweltbelange in ihre Unternehmenstätigkeit und in die Wechselbeziehungen mit den Stakeholdern zu integrieren" (Europäische Kommission 2001, S. 8; Bassen et al. 2005).

Tab. 3.3 Organisationsmodelle nach Laloux (2014, S. 36f., © Vahlen) und Beck und Cowan (Lesezeichen, © Kamphausen)

Organisationsmodell nach Laloux	Bezeichnung und Farbe bei Beck, Cowan aus dem Lesezeichen zum Buch	Beispiele heute	Wichtige Durchbrüche	Bestimmende Metapher
Tribale impulsive Organisationen (Rot) Ständige Machtausübung durch den Anführer, um den Gehorsam der Untergebenen zu sichern. Angst hält die Organisation zusammen. Sehr reaktiv, kurzfristiger Fokus. Gedeiht in chaotischen Umgebungen.	– Imperium – Rot – Macht und Handeln – Egozentrisch, ausbeuterisch	– Mafia – Straßengangs – Stammesmilizen	– Arbeitsteilung – Befehlsautorität	– Wolfsrudel
Traditionelle konformistische Organisationen (Bernstein) Stark formalisierte Rollen innerhalb einer hierarchischen Pyramide, Anweisung und Kontrolle von oben nach unten (Was und Wie). Stabilität ist der höchste Wert und wird durch exakte Prozesse gesichert, die Zukunft ist die Wiederholung der Vergangenheit	– Autoritäts-struktur – Blau – Stabilität und sinnvolles Leben – Systemgläubig, fromm	– Katholische Kirche – Militär – Die meisten Regierungsbehörden – Das öffentliche Schulsystem	– formale Rollen (stabile und skalierbare Hierarchien) – Prozesse (langfristige Perspektiven)	– Armee
Moderne leistungsorientierte Organisationen (Orange) Das Ziel ist, besser zu sein als die Konkurrenz, Profite zu erwirtschaften und zu expandieren. Durch Innovationen kann man an der Spitze bleiben. Management durch Zielvorgaben.	– Strategisches Unternehmen – Orange – Erfolg und Autonomie – Materialistisch, erfolgsorientiert	– Multinationale Unternehmen – Privatschulen	– Innovation – Verlässlichkeit – Leistungsprinzip	– Maschine
Postmoderne pluralistische Organisationen (Grün) Innerhalb der klassischen Pyramidenstruktur, Fokus auf Kultur und Empowerment, um eine herausragende Motivation der Mitarbeiter zu erreichen.	– Soziales Netzwerk – Grün – Gemeinschaft, Harmonie und Gleichheit – Relativistisch, soziozentrisch	– Kulturorientierte Organisationen (Ben & Jerry's)	– Empowerment – Werteorientierte Kultur – Stakeholder-Modell	– Familie
Integrale evolutionäre Organisationen (Petrol)	– Systemischer Prozess – Gelb – Qualitäten, Verantwortlichkeiten des Seins – Systemisch integrativ	?	?	?

Persönlichkeiten geleitet werden. Es drängt sich der Eindruck auf, dass diese Organisationen sich zum Teil noch auf der roten (Imperium), zum größten Teil auf der blauen (Autoritätsstruktur) oder bestenfalls schon ein wenig auf der orangen Ebene (Strategisches Unternehmen) bewegen, legt man die Spirale der Paradigmen von Beck und Cowan zugrunde. Bei Laloux würde es sich ebenfalls um tribale impulsive Organisationen (rot), traditionelle konformistische Organisationen (bernstein) und bestenfalls um moderne leistungsorientierte Organisationen (orange) handeln, wie es die nachfolgende ▶ Tab. 3.3 zeigt.

Die Frage ist, ob es mit diesen narzisstisch geprägten Führungskräften gelingt, die Organisation auf eine höhere Ebene der Interaktion und Kommunikation nach innen und außen zu transformieren. Meines Erachtens würde dies einen sehr tiefgehenden Prozess der Selbstreflexion und des Wandels von diesen Führungskräften erfordern, der eher selten vollzogen und auch gelingen wird. Aus dieser Perspektive kann es natürlich auch sein, dass Führungspersönlichkeiten mit narzisstischen Verhaltensdispositionen ganz evolutionär aus dem Leitungskreis von modernen Organisationen verschwinden werden – sich dieses Problem somit evolutionär erledigt.

3.4 Gesellschaftliche Rahmenbedingungen wirtschaftlichen Handelns

Die Welt ist in den ersten zehn Jahren des 21. Jahrhunderts schon mit mehreren Krisen konfrontiert worden. Zu diesen Krisen zählen die vielfältigen durch das Klima[8] ausgelöste Katastrophen, die Umweltkatastrophen und ganz sicher auch die globalen Finanz- und Wirtschaftskrisen. Betrachtet man diese Krisenphänomene rein metaphorisch[9] unter dem Konstrukt der narzisstischen Kollusion, so könnte man die These aufstellen, dass an diesen Krisen auch immer Prozesse einer narzisstischen Kollusion beteiligt sind. Dabei gibt es eine aktiv-narzisstische und eine passiv-narzisstische Position, wie Mensch und Umwelt, Erste Welt und Dritte Welt, gegenwärtige und zukünftige Generation, Unternehmen und Kunden, Manager und Mitarbeiter. Die aktiv-narzisstische Position zeigt dabei Eigenschaften wie sie im ICD, DSM oder z. B. von Lasch (1979) genannt wurden:

- der Betroffene hat ein grandioses Gefühl der eigenen Wichtigkeit;
- übertriebenes Anspruchsdenken, Ausnutzung von zwischenmenschlichen Beziehungen;
- Vorteilsnahme gegenüber anderen, um eigene Ziele zu erreichen;
- Mangel an Empathie; Ablehnung, Gefühle und Bedürfnisse anderer anzuerkennen oder sich mit ihnen zu identifizieren;
- arrogante, hochmütige Verhaltensweisen und Attitüden;
- kein Interesse an der Zukunft und keine Sorge um zukünftige Generationen.

Diese Metaphorik der narzisstischen Kollusionen auf der gesellschaftlichen Ebene verweist somit auf die Notwendigkeit, dass ein Ende des Zeitalters des destruktiven Narzissmus eingeläutet wird. So postuliert auch der Philosoph, Jurist und Soziologe Ekardt in seinem Buch *Das Prinzip Nachhaltigkeit*, dass gegenwärtig ökonomische Rahmenbedingungen vorliegen, die als scheinbare

---

[8] Jeworrek, Vorstandsmitglied der Munich Re ist der Ansicht, dass langfristig der Klimawandel ein größeres Problem ist, als die Finanzkrise (Balser und Fromm 2009).

[9] Metaphorisch soll in dem Sinn verstanden werden, dass Metaphern sprachliche Bilder sind, mit deren Hilfe die Zusammenhänge und Verknüpfungen eines unbekannten Bereichs modelliert werden. Diese Metaphorik bzw. Analogie soll eine neue Perspektive auf einen bekannten Sachverhalt ermöglichen (Backhausen und Thommen 2003, S. 106f.).

„Sachzwänge" ein intertemporal und global gerechtes Handeln schwierig und wenig erstrebenswert aussehen lassen (Ekardt 2005, S. 16).

Ein Ende des Zeitalters des destruktiven Narzissmus würde somit auch bedeuten, die Rahmenbedingungen für wirtschaftliches Handeln zu ändern bzw. neu zu definieren. Als zentrale Themen und Gestaltungselemente dieses Wandels, die es auch im Rahmen eines Management-Coaching unter Berücksichtigung narzisstischer Phänomene zu berücksichtigen gilt, zeichnen sich ab:

- die Forderung zur Nachhaltigkeit wirtschaftlichen Handelns,
- größere Bedeutung der Corporate Social Responsibility und des Stakeholder-Prinzips in Unternehmen,
- stärkere Betonung der Corporate Governance in Unternehmen.

3.5 Zusammenfassung

Die Ausführungen in ▶ Kap. 3 haben gezeigt, dass narzisstische Phänomene auf allen Ebenen wirtschaftlichen Handelns beobachtet werden können und diese narzisstischen Phänomene miteinander in Verbindung stehen und auch voneinander abhängen. Es muss daher auch im wirtschaftlichen Bereich von einer dynamischen Reziprozität zwischen einem individuellen, interaktionellen, organisationalen und gesellschaftlichen Narzissmus ausgegangen werden, die es im Rahmen eines Management-Coachings unter Berücksichtigung narzisstischer Phänomene zu berücksichtigen gilt. Aufgrund dieser dynamischen Reziprozität narzisstischer Phänomene sollten sich durch ein Management-Coaching unter Berücksichtigung und Einbeziehung dieser Phänomene auch positive Ergebnisse auf all Ebenen einstellen.

Auf der *individuellen Ebene* sollte ein Management-Coaching:
- zu einer Verbesserung der Empathie, Erhöhung der Kritikfähigkeit und zu einer deutlich besseren Realitätswahrnehmung beitragen;
- zu einer Reduzierung des übersteigerten Bedürfnisses nach Anerkennung und Bewunderung führen und dadurch eine übertriebene Risikoneigung minimieren;
- zu einem konstruktiven Umgang mit Macht sowie zu einer Festigung von Werten, Normen und Idealen beitragen (ethische Wertorientierung im Management);
- die Gefahr der Bildung paranoider Wahrnehmung begrenzen und damit die Kooperation und die Vertrauensbasis nach innen und außen stärken;
- zu einem Verständnis über Narzissmus und seine Dynamiken und damit zu konstruktiven Veränderungen auf den höheren Ebenen beitragen.

Auf der *interaktionellen Ebene* kann ein Management-Coaching:
- zu einer Verbesserung der Führungssituation beitragen, indem Übertragungsphänomene identifiziert und Rollenunterschiede akzeptiert werden;
- dazu führen, dass die Führungskraft Mitarbeiter partizipativ aktiviert sowie Entwicklungs- und Lernprozesse initiiert und begleitet;
- die Regression von Arbeitsgruppen begrenzen und zu einem konstruktiven Team innerhalb der Unternehmensleitung beitragen;

Auf der *organisationalen Ebene* kann ein Management-Coaching:
- ein Bewusstsein für den ganz speziellen Typ der Unternehmung in Hinblick auf Kultur, Struktur, Strategie und Leitung schaffen;

3.5 · Zusammenfassung

- die kulturellen, strukturellen und strategischen Probleme einer Unternehmung bei der Wurzel packen;
- durch Exploration der emotionalen Befindlichkeit innerhalb der Organisation einen wichtigen Beitrag zu einem ausgewogenen Risikomanagement leisten;
- die Umweltwahrnehmung der Organisation verbessern;
- die Innovations- und Lernfähigkeit der Unternehmung erhöhen;
- die Kommunikationsstrukturen nach innen und außen verbessern;
- die Unternehmenskultur weiterzuentwickeln bzw. auf eine höhere Ebene[10] zu transformieren und damit zu einem kontinuierlichen unternehmerischen Wandel beitragen;
- die zunehmende Komplexität besser bewältigen.

Auf der *gesellschaftlichen Ebene* könnte ein Management-Coaching:
- das Prinzip der Nachhaltigkeit in der Organisation verankern;
- durch eine Corporate Social Responsibility und einen Stakeholder-Ansatz den notwendigen Wandel der gesellschaftlichen Rahmenbedingungen antizipativ und ökonomisch erfolgreich gestalten und
- die Bereitschaft zur aktiven Mitgestaltung nachhaltiger wirtschaftlicher Rahmenbedingungen erhöhen.

Die hier genannten Wirkungen eines Management-Coaching unter besonderer Berücksichtigung narzisstischer Phänomene sprechen in ihrer zentralen Bedeutung für einen nachhaltigen Erfolg der Unternehmung eigentlich für sich. Sie werfen vielmehr die Frage auf, warum auf eine kontinuierliche und begleitete Selbstreflexion der Leitungskräfte von Unternehmen und Organisationen nicht explizit im Corporate Governance Kodex hingewiesen wird. Der konstruktive Umgang mit narzisstischen Phänomenen im Rahmen eines Management-Coachings wird nach Ansicht des Autors in Zukunft zu einem zentralen Format und wahrscheinlich auch zu einem wichtigen Erfolgsfaktor im Rahmen einer erfolgreichen Personal- und Unternehmensentwicklung insbesondere der obersten Leitungskräfte.

---

10 Zu den verschiedenen Stufen einer Unternehmenskultur bzw. des Bewusstseins von Unternehmen vgl. insbesondere Beck und Cowan (2007) und Barrett (2006)

Management-Coaching unter besonderer Berücksichtigung narzisstischer Phänomene

4.1		Theoretische Hintergründe für ein Management-Coaching.. – 62
4.1.1		Psychoanalyse und Psychodynamik – 62
4.1.2		Die Betriebswirtschafts- und Managementlehre als Hintergrund – 66
4.1.3		Die Verbindung von Prozess- und Fachberatung als Hintergrund – 69
4.1.4		Die Humanistische Psychologie als Hintergrund – 71
4.1.5		Eine systemisch-konstruktivistische Perspektive als Hintergrund – 72
4.1.6		Weitere theoretische Hintergründe – 74
4.2		Anlässe, Formen und Arten für ein Management-Coaching·· – 74
4.3		Der Prozess eines Management-Coachings·· – 78
4.3.1		Einige theoretische Grundüberlegungen zum Prozess – 78
4.3.2		Worauf bei den Prozessschritten eines Management-Coachings.. zu achten ist – 83
4.4		Zur Qualität und Qualifikation im Management-Coaching.. – 98
4.5		Zusammenfassung – 100

© Springer-Verlag GmbH Deutschland 2018
C. Schneck, *Coaching und Narzissmus*,
DOI 10.1007/978-3-662-53946-0_4

Das nachfolgend dargestellte Konzept eines Management-Coachings unter Berücksichtigung narzisstischer Phänomene (im Folgenden auch als Management-Coaching..) stützt sich vornehmlich auf drei Quellen. Erstens basiert es auf einer sorgfältigen Sichtung und Analyse der vorhandenen Literatur zum Umgang mit narzisstischen Phänomenen im Coaching. Zweitens beruht dieses Konzept auf Interviews, die ich im Rahmen einer wissenschaftlichen Arbeit (Schneck 2012a) mit vier bekannten Management-Coaches im deutschsprachigen Raum geführt habe. Drittens ist dieses Konzept Ergebnis meiner Erfahrungen und Kenntnisse, die ich als langjähriger GmbH-Geschäftsführer in meinen eigenen Coachings und als Management-Coach in über 10-jähriger Tätigkeit gesammelt habe. Auch wenn dies eine recht solide und fundierte Basis für ein solches Konzept darstellt, so verstehe ich das Konzept dennoch als Entwurf, der sich in ständiger Weiterentwicklung befindet.

In diesem Konzept soll deutlich werden, wie die Berücksichtigung narzisstischer Phänomene in einem Management-Coaching neben der Entwicklung der Persönlichkeit des Klienten auch einen wichtigen Beitrag zu einer Verbesserung der Führungssituation, einem gelingenden Management und einer kontinuierlichen Unternehmensentwicklung leisten kann. Das eine kontinuierliche Unternehmensentwicklung notwendig ist, sei beispielhaft anhand von drei Herausforderungen verdeutlicht, vor denen Unternehmen und ihre Führungskräfte gegenwärtig und zukünftig noch verstärkt stehen werden:

- *Erhöhter Wettbewerbsdruck und eine Beschleunigung des Wandels durch Globalisierung und Digitalisierung:* Der Aktionsradius der Unternehmen hat sich dramatisch vergrößert, weltweites Denken und Handeln ist allgegenwärtig. Ständig entstehen neue Märkte und neue Konkurrenten. Produktion, Vertrieb und selbst Forschung finden weltweit statt.
- *Die Bewältigung zunehmender Komplexität:* Die Gesellschaft befindet sich am Übergang von der Informations- zur Wissensgesellschaft, von der Gesellschaft der Organisationen zur Gesellschaft komplexer Systeme. Unternehmen werden Intelligenzverstärkungs-, Informations- und Kommunikationssysteme sein (Malik 2008, S. 25ff).
- *Eine schnelle und radikale Ausrichtung auf einen sozial, ökonomisch und ökologisch nachhaltigen Wertbeitrag:* Der Begriff der Nachhaltigkeit ist heute in aller Munde und wird auch durch neue politisch-gesetzte Rahmenbedingungen zur zentralen Entwicklungsherausforderung für Unternehmen. Unternehmen müssen dementsprechend die Fähigkeit entwickeln, größere Systeme zu sehen und entsprechend zu handeln.

Organisationen und die in ihnen verantwortlichen Führungskräfte haben angesichts dieser gewaltigen Herausforderungen eigentlich nur die eine Alternative: entschlossen in Richtung eines bewussten und zeitgerechten Wandels voranzuschreiten (Laszlo 2009, S. 75). Der im nachfolgenden dargestellte Ansatz eines Management-Coachings.. soll einen Beitrag zu diesem bewussten und zeitgerechten Wandel liefern. Dies erfolgt auch aus der Überzeugung heraus, dass Unternehmen, die ihrer sozialen und ökologischen Verantwortung gerecht werden, auf ein höheres Maß an öffentlichem Vertrauen und auf größere Treue ihrer Kunden, Lieferanten und sonstiger Stakeholder zählen können. Sie sind damit zukunftsfähiger als einzig nur am (kurzfristigen) Erfolg interessierte Unternehmen und haben größere Chancen, die Fluktuationen und Krisen zu überstehen (ebd., S. 129). Laloux (2015) zeigt in seinem Buch „Reinventing Organisations" dafür eindrückliche Beispiele auf.

In jüngster Zeit geistert der Begriff *VUCA* durch die einschlägige Managementliteratur und ziert Kongress- und Tagungsankündigungen. Das Akronym V.U.C.A. (kurz für „volatility, uncertainty, complexity, ambiguity") beschreibt die geänderten Rahmenbedingungen, unter denen Unternehmen organisiert und Mitarbeiter geführt werden müssen.

- *Volatilität*: Unsere Welt erlebt einem ständigen Wandel. Rasche Veränderungen sind die Norm, weniger die Stabilität. Was gestern noch Gültigkeit besaß, kann heute aufgrund neuer Informationen oder Entscheidungen in einem völlig anderen Licht stehen.
- *Unsicherheit*: Planbarkeit, Prognosen und Vorhersehbarkeit verlieren immer stärker an Aussagekraft und Wirkung. Unternehmensstrategien, Projektpläne und sogar Lebensentwürfe gehen immer seltener wie geplant in die Umsetzung. Dabei ist das Ziel meist recht stabil, aber der Weg zum Ziel durch Unsicherheit, Umwege und Unplanbarkeit gekennzeichnet.
- *Komplexität*: Alles hängt mit Allem zusammen. Viele Einflussfaktoren und Abwägungen wollen heute bedacht werden. Was wie zusammenhängt sowie auch die Ursachen und Wirkungen von Entscheidungen sind kaum noch nachvollziehbar. Entscheidungen basieren niemals alleine auf sachlichen Argumenten. Vielmehr spielen Emotionen und Hidden Agendas oft eine entscheidende Rolle. Dies macht die Welt komplex.
- *Ambivalenz*: Wir leben in einer Welt der Widersprüchlichkeit. Die Welt ist nicht mehr schwarz-weiß, die Zeit der vermeintlichen „Königswege" ist vorbei. Alle Themen, seien es Fragen nach Zielen, Strategien und Optionen, besitzen heute vielfältige Grautöne, was sich in unterschiedlichen (Experten-)Meinungen, Einschätzungen und Standpunkten ausdrückt.

Es ist unmittelbar einsichtig, dass eine Welt, die sich in ihrem Grundcharakter verändert hat, letztlich auf allen Ebenen andere und neue Antworten und Fähigkeiten braucht. Diese massiven Veränderungen stellen gerade Führungskräfte mit narzisstischen Persönlichkeitsanteilen vor schwer zu bewältigende Herausforderungen, denn ihre grundlegende Denk-, Entscheidungs- und Verhaltensmuster werden den Herausforderungen der Zukunft nicht mehr gerecht. Die vorher präferierte hierarchische Kommunikation muss fluiden Netzwerken weichen. Kontrollierte und kontrollierende Führungssysteme weichen der Selbstorganisation. Planbare Vorhersagen und ständige Kontrolle werden von intuitivem Spüren und dem Ermächtigen von Teams ersetzt. Fachlich geprägte Führungsrollen wandeln sich zu Teamentscheidungen, einsame Entscheidungen werden von kollektiven Willensbildungen abgelöst. Die Durchsetzung von Zielen und Entscheidungen werden durch Dialoge über die besten Ideen ersetzt und starre Strukturen und Hierarchien werden durch Verwirklichungsräume und sich ständig erneuernde Projekte ausgetauscht.

Das Management einer Unternehmung gilt dabei als zentraler „Change Agent" im Rahmen unternehmerischer Entwicklungsprozesse. Das Management oder die Unternehmensleitung prägen durch ihr Führungs- und Steuerungshandeln organisationskulturelle Basisannahmen und sind für die Entwicklung und Umsetzung zentraler Unternehmensstrategien verantwortlich. Eine Veränderung der Unternehmung setzt daher eine Selbstveränderung des Managements und seiner Basisannahmen über Führung und Steuerung der Unternehmung voraus. Es stellt sich die Frage, ob Führungskräfte mit narzisstischen Verhaltensdispositionen überhaupt in der Lage sind, diese notwendigen Denk- und Verhaltensänderungen zu bewältigen oder ob sie, wie die Neandertaler, einen langsamen evolutionären Tod sterben.

An der Notwendigkeit der Selbstveränderung des Managements setzt der nachfolgende Ansatz eines Management-Coachings.. an. Haller (2016, S. 35) betont, dass die Auseinandersetzung mit den eigenen Eitelkeiten und Verletzlichkeiten, mit Empathie und Wertschätzung, kurzum mit den eigenen narzisstischen Anteilen, eine der wichtigsten aber auch der schwierigsten Aufgaben der Persönlichkeitsbildung da er letztlich mit viel Trauer verbunden ist. Dieser Prozess bleibt aber seiner Ansicht nach keinem erspart, der erfolgreich sein will. Er plädiert für mehr Mut, um in den Spiegel des Narziss zu blicken.

Zunächst werden die theoretischen Hintergründe für ein Management-Coaching.. dargelegt, die auch zum großen Teil für ein Management-Coaching allgemein (▶ Kap. 1) ihre Gültigkeit besitzen. Danach werden kurz die Anlässe, die Formen und Arten eines Management-Coachings.. diskutiert. Anschließend wird der Prozess eines Management-Coachings.. skizziert und dabei explizit auf die Spezifika dieses Management-Coaching-Ansatzes und seines Prozesses eingegangen.

4.1 Theoretische Hintergründe für ein Management-Coaching..

Da Coaching vorwiegend aus der Praxis heraus entstand, gibt es für Coaching auch keinen eindeutigen theoretischen Hintergrund, der einem bestimmten Modell oder einer spezifischen Theorie zugeordnet werden kann. Die meisten professionellen Management-Coaches arbeiten mit einem breiten Methodenspektrum und sind weder auf eine Theorie noch auf eine Schule festgelegt. Erwähnens- und lobenswert sind die Bemühungen einer Berater- und Coach-Gruppe um Klaus Eidenschink im Süden von Deutschland, die dem Defizit einer einheitlichen Theorie durch die Erarbeitung einer Metatheorie der Veränderung entgegenzutreten versucht (Eidenschink 2016; www.metatheorie-der-veraenderung.info).

Allgemein steht Coaching der Psychoanalyse, der humanistischen Psychologie, der Systemtheorie, dem Konstruktivismus sowie der Prozessberatung und ihren jeweiligen Theorien nahe. Für ein Management-Coaching.. müssen diese theoretischen Hintergründe ergänzt werden um die vielfältigen Erkenntnisse aus der Betriebswirtschaftslehre und insbesondere um die Managementtheorien und -modelle sowie der klassischen Fachberatung in Unternehmen (vgl. hierzu insbesondere die Ausführungen zur möglichen Rollenvielfalt des Coaches von Schreyögg 2015). Da es den Rahmen dieses Buches bei weitem überspannen würde, diese verschiedenen theoretischen Hintergründe in einem erkenntnistheoretisch einheitlichen Hintergrund zusammenzufassen, wie es in der genannten Metatheorie der Veränderung versucht wird, bleibt nur eine eklektische Zusammenstellung dieser verschiedenen Hintergründe, wie es die nachfolgende ▶ Abb. 4.1 darstellt.

4.1.1 Psychoanalyse und Psychodynamik

Aus dem gesamten zweiten Kapitel ist hoffentlich deutlich geworden, dass eine Berücksichtigung narzisstischer Phänomene im Rahmen eines Management-Coachings.. zumindest einiger Theoriekenntnisse psychoanalytischer Provenienz bedarf. Dieser Hintergrund für ein Management-Coaching.. stellt sicher, dass die Ebene der Reflexion sich nicht ausschließlich auf die bewussten Aspekte menschlichen Seins beschränkt, sondern gleichermaßen auch die vorbewussten und unbewussten Aspekte und Dimensionen berücksichtigt. Wie stark gerade die vorbewussten und die unbewussten Aspekte die Realität beeinflussen, wird sehr eindrücklich an dem Eisbergmodell des Bewusstseins von Sigmund Freud deutlich. Freud beobachtete seine Patienten und nahm an, dass menschliches Handeln in täglichen Situationen nur zu einem kleinen Anteil bewusst bestimmt wird. Dies widersprach der bisherigen Auffassung, nach der Verhalten nur auf bewusstes Denken und rationales Handeln zurückzuführen sei. Das hier abgebildete Eisbergmodell (▶ Abb. 4.2) nach Ruch und Zimbardo (1974) verdeutlicht in Anlehnung an die drei Qualitäten (bewusst, vorbewusst, unbewusst) des Psychischen nach Freud, welche Dynamik zwischen den drei psychischen Teilen der Persönlichkeit besteht. Auf die Einarbeitung der drei Instanzen der Psyche (Ich, Es, Über-Ich) nach Freud wird in der ▶ Abb. 4.2 verzichtet. Deutlich erkennbar sind im oberen Bereich des Modells die bewussten Anteile der Persönlichkeit, die dem rationalen Verhalten zugewiesen werden. Der weitaus größere Anteil der Handlungsmotive, etwa 80 %, liegt im Bereich der vorbewussten und unbewussten Bereiche. Freud, der die mehr im Vorbewussten liegenden Ängste und Konflikte sowie die im Unbewussten liegenden traumatischen Erlebnisse, Triebe und Instinkte unterschiedlich stark verdrängt sah, war zudem der Auffassung, dass diese Prägungen von früheren Entwicklungsphasen abhängig seien. Um die Wahrnehmungen wieder bewusst zu machen, müssten die sog. Abwehrmechanismen von dem Individuum verstanden werden, damit ein Einblick in die unbewussten Konflikte stattfinden kann.

Der psychoanalytische Hintergrund ist somit nicht nur für ein Verständnis der Entwicklung des Narzissmus, für die Psychodynamik und die Diagnostik von großer Relevanz, sondern nennt auch zu beachtende Aspekte für die Begegnung und die Prozessgestaltung mit dem Klienten in einem Management-Coaching..

Zu diesen Aspekten gehört ganz sicher die geforderte Responsivität[1] des Coachs auf die Interaktions- und Kommunikationsbemühungen des Klienten, aber auch der Umgang mit

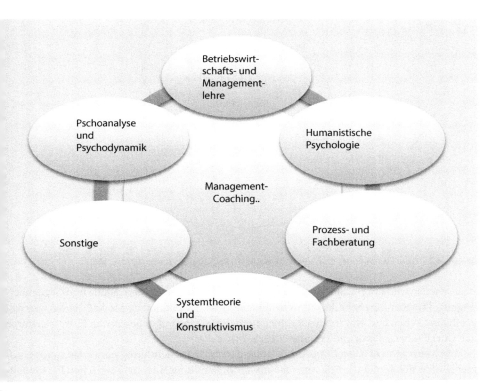

Abb. 4.1 Die theoretischen Hintergründe eines Management-Coachings unter Berücksichtigung narzisstischer Phänomene. (Aus Schneck 2013, © 2012 EHP - Verlag Andreas Kohlhage. Abdruck mit freundlicher Genehmigung durch den Verlag. All Rights reserved. This includes reproduction and transmissions in any form or by any means without permission in writing from the publisher.)

Unter Responsivität bzw. einer responsiven Haltung des Coachs soll das sensitive und angemessene Eingehen auf die Interaktions- und Kommunikationsbemühungen des Klienten verstanden werden, das wiederum zu einer professionellen Interaktions- und Beziehungsgestaltung im Rahmen eines Management-Coachings führt.

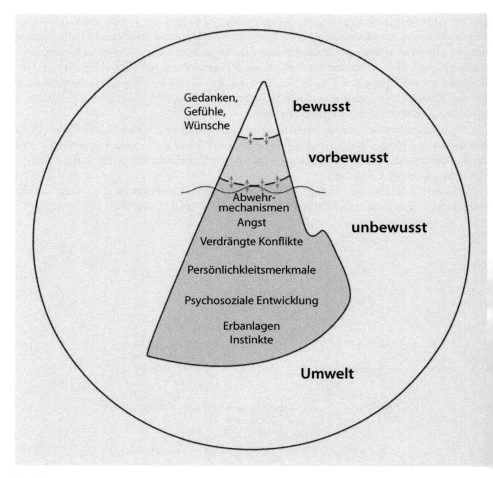

Abb. 4.2 Dazs Eisbergmodell von Sigmund Freud nach Ruch und Zimbardo (1974, S. 366)

Phänomenen wie Abwehr, Spiegelung, Entwertung, Idealisierung, Übertragung und Gegenübertragung. Darüber hinaus bildet das psychodynamische „Containment-Modell"[2] einen wertvollen theoretischen und praktischen Rahmen für den Umgang mit unbewussten Prozessen durch den Coach (Giernalczyk und Lohmer 2012, S. 14).

Ein Management-Coaching.. unter besonderer Berücksichtigung narzisstischer Phänomene sollte sich ferner die Erkenntnisse aus der Behandlung einer narzisstischen Persönlichkeitsstörung aus den verschiedenen psychoanalytischen Ansätzen zu eigen machen. Aus den selbstpsychologischen Ansätzen können die Spiegelübertragung, die idealisierende Übertragung und die Zwillingsübertragung, aus den objektbeziehungstheoretischen Ansätzen insbesondere das pathologisch grandiose Selbst genannt werden. Aus den intersubjektiven und relationalen Ansätzen sollte insbesondere das Verständnis von Wirklichkeit, die Betonung

---

2 Der Empfänger (Coach) dient als Container für unbewusstes Material (z. B. Konflikte, Spannungen, starke Emotionen) von Seiten des Klienten. Er empfängt es, nimmt es auf, versteht und verdaut es, bevor er es schließlich in einer für den Klienten verarbeitbaren Form wieder zurückgibt.

4.1 · Theoretische Hintergründe für ein Management-Coaching..

der Beziehung und der interaktive Prozess zwischen dem Klienten und dem Coach Eingang finden.

Bei einem Management-Coaching.. darf nach Ansicht des Autors jedoch nicht von einer Behandlung gesprochen werden, sondern von einer Begleitung bei einer gravierenden persönlichen Veränderung und im besten Falle von einer Transformation auch innerhalb der Organisation des Klienten.[3] Unter Transformation (lat.: transformare – umformen, umgestalten) soll die Umgestaltung, von Werten, Einstellungen und Verhaltensweisen bei Einzelnen und von Leitbildern, Missionen, Visionen, Strategien, Strukturen, Kulturen und Prozessen bei Organisationen verstanden werden. Diese begriffliche Unterscheidung hat die Funktion, narzisstische Phänomene auf allen vier genannten Ebenen, ungeachtet des Grades der Ausprägung, von einer narzisstischen Persönlichkeitsstörung und seiner Behandlung im klinischen Sinne zu unterscheiden und damit Management-Coaching.. von Psychotherapie abzugrenzen – wenngleich ein Management-Coaching.. durchaus therapeutische Elemente enthalten kann.

Ein psychodynamischer Hintergrund ist aber auch für die Mehrebenenperspektive im Rahmen eines Management-Coachings.. von zentraler Bedeutung. Der Begriff der Psychodynamik kommt aus der Theorie der Psychoanalyse. Im ursprünglichen Sinne bezeichnet Psychodynamik die Beziehung zwischen den verschiedenen inneren Instanzen und Strebungen einer Person. Ein Teil dieser inneren Abläufe bleibt der Person selbst unbewusst. Da sich diese Abläufe dadurch der Kontrolle des bewussten Erlebens entziehen, erhöht sich deren Wirksamkeit (Lohmer 2000, S. 18).

Diese unbewussten Vorgänge lassen sich jedoch nicht nur bei einzelnen Personen, sondern genauso in Beziehungen, Gruppen und Organisationen ausmachen. Der psychodynamische Ansatz versucht eine Verbindung von der inneren Welt des Einzelnen und seiner unterschiedlichen Funktionsniveaus (von reifen und erwachsenen bis zu abgewehrten regressiv-kindlichen Zuständen) zu der inneren Welt einer ganzen Gruppe oder Organisation herzustellen. Er untersucht auf der Ebene unbewusster Phantasien, psychosozialer Abwehrmechanismen und unbewusster Konflikte die Verbindung innerer Welten von Einzelnen und Organisationen. Dabei garantiert das Konzept der Primäraufgabe (▶ Abschn. 3.2.2), dass sich der Berater nicht in unbewussten Prozessen verliert, sondern immer wieder die Frage von Entscheidungen über den bewussten Organisationszweck und -prozess mit den unbewusst bleibenden Themen verbindet (Lohmer 2000, S. 38).

Ein psychodynamischer Hintergrund eines Management-Coachings gewährleistet somit die Einbeziehung unbewusster Prozesse, eine Mehrebenenperspektive sowie eine Orientierung an der langfristigen Existenzsicherung (Primäraufgabe) der Organisation.

Auch Doppler und Lauterburg verweisen auf diese unbewussten Aspekte und Prozesse in Organisationen, die ihrer Meinung nach bei nahezu allen komplexen und kontroversen Themen eine entscheidende Rolle spielen, wenngleich sie meist verdeckt bleiben. Ihrer Erfahrung nach sei es sehr erhellend – wenn auch möglicherweise ernüchternd – diese Aspekte gerade unter dem Gesichtspunkt der Prozessdynamik an die Oberfläche zu bringen. Allerdings sei dies nicht immer erwünscht, denn die Veröffentlichung dieser nicht ganz von ungefähr in der Versenkung befindlichen Zusammenhänge könne so manche sorgfältig gestrickte, machiavellistische Machtstrategie

---

[3] Für Schein übersehen die meisten Theorien und Modelle zu Transformationen die Dynamik des Verlernens, d. h., die Überwindung des Widerstandes gegen die Veränderung. Die Modelle und Theorien gingen davon aus, dass die Vermittlung einer möglichst klaren positiven Zukunftsvision eine ausreichende Motivation für neues Lernen sei. Schein glaubt aufgrund seiner Erfahrung, dass in einem reifen System, in dem Altes verlernt werden muss, bevor Neues gelernt werden kann, irgendein Gefühl von Bedrohung, Krise oder Unzufriedenheit vorhanden sein muss. Zum Begriff Transformationen vgl. Schein (1995, 115).

in Gefahr bringen (Doppler und Lauterburg 2008, S. 34ff). Um diese unterschwelligen Interessen und Motive darzustellen, bedienen sie sich ebenfalls des auf Freud zurückgehenden Modells des Eisberges.

4.1.2 Die Betriebswirtschafts- und Managementlehre als Hintergrund

Nach Ansicht des Autors ist es von zentraler Bedeutung, dass ein Management-Coaching.. auf dem Hintergrund der Betriebswirtschaftslehre (zu den Aufgaben einer allgemeinen Betriebswirtschaftslehre vgl. Wöhe 1978, S. 14.) und moderner Managementmodelle und -methoden erfolgt.

Bei einem Management-Coaching.. steht der Klient mit seinem Anliegen und seiner Persönlichkeit im Vordergrund. Den Hintergrund bilden die Gruppe oder das Team, die Organisation und die Gesellschaft, in die der Klient mit seiner Rolle eingebettet ist. Dementsprechend bilden die Ziele des Klienten den Vordergrund, wohingegen die Ziele der Gruppe und der Organisation den Hintergrund bilden. Primäres Ziel der Organisation sollte es sein, einen sinnvollen Beitrag für die Gesellschaft zu leisten. Da ein Management-Coaching.. grundsätzlich eine Mehrebenenperspektive einnimmt, geht es neben der Entwicklung der Person des Klienten auch um einen Beitrag für die Gruppe und die Organisation, was implizit einen Beitrag für die Gesellschaft einschließen sollte. Es gilt, die Veränderungen des Klienten auf der persönlichen Ebene durch ein Management-Coaching.. auch wieder in den Managementprozess rückzubinden und zu integrieren. Gerade durch diese Rückbezüglichkeit und Integration auf die interaktionelle und organisationale Ebene wirkt ein Management-Coaching unter besonderer Berücksichtigung narzisstischer Phänomene auch als Impuls für eine kontinuierliche, erfolgreiche und nachhaltige Unternehmensentwicklung.

Um diesen Hintergrund und sein Wirkungsgefüge ausreichend einbeziehen zu können, ist neben den schon genannten psychoanalytischen und psychodynamischen Perspektiven eine betriebswirtschaftliche Perspektive und ein Verständnis von gelingendem Management unumgänglich. Diese Perspektive und dieses Verständnis ist einerseits notwendig, um die Anliegen des Klienten in die betrieblichen Prozesse und Managementaufgaben einordnen und beurteilen zu können. Andererseits muss ein Management-Coaching.. immer auch die Erhöhung der Überlebensfähigkeit der Organisation oder der Unternehmung des Klienten als Ziel beinhalten, was auch eine Verbesserung der Managementqualität mit einschließt.

Dieses Ziel kann mehr oder weniger im Hintergrund verortet sein und mehr oder weniger explizit oder implizit vereinbart sein. Nach Ansicht des Autors beinhaltet ein Management-Coaching.. immer auch diese betriebswirtschaftliche bzw. Managementperspektive. Um diese Perspektive sinnvoll ausfüllen zu können, müssen Ansätze moderner Managementmodelle und -methoden als Hintergrund fungieren.

Als Beispiele für diese modernen Managementmodelle seien das kybernetische Managementmodell von Malik, das neue St. Galler Management-Modell (▶ Abb. 4.3), das Fünf-Kräfte- und das Wertkettenmodell von Porter und neue Ansätze des evolutionären Managements genannt (Malik 2008, Rüegg-Stürm 2004, Porter 1980, Radatz 2003) Diese Modelle sind notwendig, um die Anliegen des Klienten in einem modernen Verständnis von Management zu verorten. Gerade das neue St. Galler Management-Modell ist als ein geeignetes Suchraster und eine nützliche Landkarte zur eigenen Orientierung aufzufassen und soll dazu beitragen, wichtige Begriffe und Konzepte im Zusammenhang des Managements zu verstehen und einzuordnen. Die Vorstellung einer Unternehmung ist in diesem Modell wesentlich von systemtheoretischen Grundvorstellungen geprägt. Die Unternehmung wird in dem Modell als komplexes System begriffen.

4.1 · Theoretische Hintergründe für ein Management-Coaching..

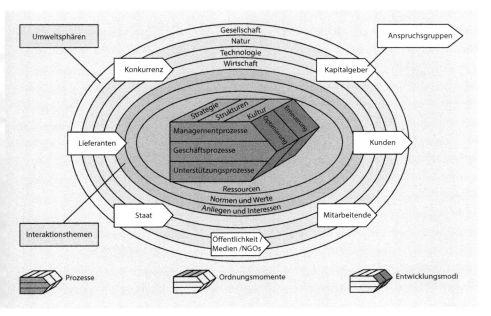

Abb. 4.3 Das neue St. Galler Management Modell. *NGO* „Non-Governmental Organisation". (Aus Rüegg-Stürm, 2004, S. 70, mit freundlicher Genehmigung der Haupt Verlag AG)

Darüber hinaus bilden Theorien der Unternehmensentwicklung wie z. B. die von Greiner (1994) oder von Glasl und Lievegoed (2016) sowie Kenntnisse über das Konstrukt der Unternehmenskultur (Schein 1995) wichtige Hintergründe in einem Management-Coaching.. Allerdings zeichnen sich die meisten Managementmodelle dadurch aus, dass gerade die vorbewussten und unbewussten Aspekte menschlichen Bewusstseins vielfach nicht oder zumindest nicht in ihrer Bedeutung ausreichend einbezogen werden und damit viele Motive und Dynamiken in Organisationen vernachlässigt werden. Im St. Galler Management-Modell wird zwar explizit auf den organisationalen Eisberg hingewiesen. Es wird jedoch postuliert, dass die kulturellen Komponenten sich nur schwer bewegen lassen, soweit dies rational überhaupt ginge (Rüegg-Stürm 2004, S. 104). Schein hat allerdings in seinem Verständnis von Unternehmenskultur sogar auf das Eisbergmodell Bezug genommen und entsprechend unbewusste Teile der Unternehmenskultur in seinem Konstrukt berücksichtigt. Gerade die Vernachlässigung und Ignorierung unbewusster Motive und Dynamiken führen häufig zu katastrophalen Fehlentscheidungen in Organisationen, wie es jüngst am Beispiel von VW deutlich wurde. Aus diesem Grunde ist der Autor der Ansicht, dass die modernen Managementmodelle um die vorbewussten und unbewussten Ebenen menschlichen Seins erweitert werden müssen. Im Rahmen eines Management-Coachings sollte daher eher ein psychodynamisches Managementmodell den theoretischen Hintergrund bilden, das die klassischen Managementmodelle um die Dynamik zwischen den bewussten und den unbewussten Bewusstseinsebenen erweitert. Die nachfolgende ▶ Abb. 4.4 verdeutlicht ein solches psychodynamisches Managementmodell.

Entscheidend ist bei diesem Modell, dass alle Bereiche – die Strategie, die Struktur und insbesondere die Kultur – von den vorbewussten und unbewussten Ebenen menschlichen Seins beeinflusst sind. Der besondere Wert eines Management-Coachings.. liegt in der Bewusstmachung einiger dieser unbewussten Aspekte und Dynamiken. Gerade aus dieser Bewusstmachung entstehen völlig neue Wahrnehmungen, Entscheidungs- und Verhaltensmöglichkeiten, die wiederum

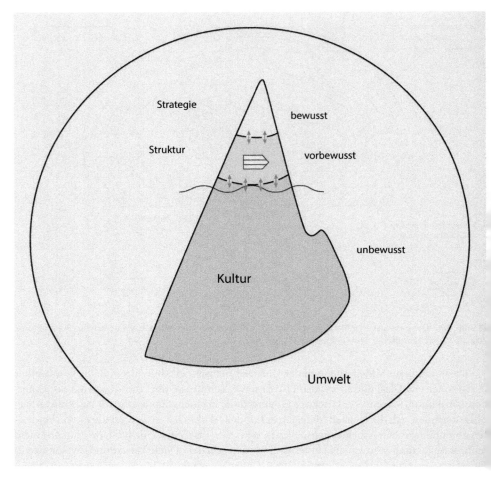

◘ Abb. 4.4 Psychodynamisches Managementmodell. (Aus Schneck 2013, © 2012 EHP - Verlag Andreas Kohlhage. Abdruck mit freundlicher Genehmigung durch den Verlag. All Rights reserved. This includes reproduction and transmissions in any form or by any means without permission in writing from the publisher.)

das Initial für eine erfolgreiche Unternehmensentwicklung sind. Nach Ansicht des Autors ergibt sich gerade aus der Berücksichtigung dieser unbewussten Aspekte und deren gravierenden Einflusses auf Strategie, Struktur und Kultur ein besonders hoher Return on Investment (ROI) für ein Management-Coaching.. – bedingt durch die besondere systemische Hebelwirkung der Konzentration auf den unbewussten veränderungslimitierenden Faktor.

Auch die betriebswirtschaftliche Situation der Organisation des Klienten sollte immer mitberücksichtigt werden, sofern der Klient diesen Aspekt mit einbringt bzw. auf Fragen des Management-Coaches entsprechende Auskünfte erteilt. Diese Fragen können z. B. sein:

- In welcher Entwicklungsphase befindet sich das Unternehmen (Greiner 1994)?
- Wie sieht die gegenwärtig Ertrags-, Liquiditäts- und Finanzsituation aus?
- Wie sehen die Mission und die Vision des Unternehmens oder des Unternehmensbereichs aus?
- Welche strategischen Zielsetzungen werden gegenwärtig verfolgt?
- Welche wichtigen Changeprozesse laufen aktuell im Unternehmen?

– Welche expliziten bzw. impliziten Werte gelten im Unternehmen?

Dabei gilt es zu berücksichtigen, dass einerseits das Thema Zahlen immer mit dem gebotenen Fingerspitzengefühl und unter absoluter Vertraulichkeit zu behandeln ist. Andererseits muss der Management-Coach über ausreichend Qualifikationen und Kompetenzen verfügen, um mit den gebotenen Informationen konstruktiv im Rahmen des Management-Coachingrozesses umzugehen.

Gerade die Ausführungen zu einer betriebswirtschaftlichen Perspektive im Rahmen eines Management-Coachings.. führen zu der Frage, inwiefern es sich bei dieser Form oder diesem Konzept eines Management-Coachings um eine Prozess- oder Fachberatung handelt?

4.1.3 Die Verbindung von Prozess- und Fachberatung als Hintergrund

Bei einem Management-Coaching.. handelt es sich in erster Linie um eine Prozessberatung. Im Vordergrund steht der Aufbau einer Beziehung mit dem Klienten, die es diesem erlaubt, die bei sich und in seinem Umfeld auftretenden Prozessereignisse wahrzunehmen, zu verstehen und darauf zu reagieren, um die Situation, so wie er sie definiert, zu verbessern (Schein 2003, S. 39).

Im Rahmen eines Coachings unter besonderer Berücksichtigung narzisstischer Phänomene kann es aber durchaus vorkommen, dass der Management-Coach zu dem vom Klienten vorgebrachten Problem Stellung bezieht und sich damit auch des Problems „mit" annimmt. So vertritt auch Schreyögg (2015, S. 245) die Ansicht, dass das Einbringen eines für den Klienten passenden Wissens von Seiten des Management-Coaches, die Beratung häufig erst erfolgreich macht. Dies gilt ihrer Meinung nach schon für die Zielbestimmung, denn es ist eine grundlegende Aufgabe des Management-Coaches, die vom Klienten geschilderte Fragestellungen zuerst umfassend zu rekonstruieren. Und für solche Rekonstruktionen benötigt der Management-Coach vielfältige Strukturierungsmuster, die es ihm und dem Klienten erlauben, eine Fragestellung mehrperspektivisch und multiparadigmatisch zu untersuchen (ebd., S. 249). Das gleiche gilt auch im weiteren Verlauf für die Auseinandersetzung mit neuen Deutungs- und Handlungsmustern des Klienten. Dies geschieht z. B. dadurch, dass der Coach die Wahrnehmung für das Problem erweitert, indem er auch andere Ebenen und andere Verbindungen mit einbezieht. Dadurch ergeben sich neue Erkenntnisse und neue Lösungsmöglichkeiten für den Klienten, sein Team und seine Organisation. Ferner hat ein Management-Coaching.. immer eine individuelle, interaktionelle, organisationale und durchaus auch eine betriebswirtschaftliche Perspektive. Um diesen Ebenen und Perspektiven gerecht zu werden, bietet sich bei dieser Form von Management-Coaching auch eine gelingende Verbindung aus Prozess- und Fachberatung an, wie sie von Königswieser et al. 2006) oder von Sutrich und Schindlbeck (2005) beschrieben wurde. Sie wird auch als Komplementärberatung bezeichnet.

Ottmar Sutrich, ein Organisationsberater aus München, war einer der ersten, der für eine Verbindung von Expertenberatung und Prozessberatung plädierte und der seit beinahe 30 Jahren bemüht ist, diese beiden Formen der Beratung handwerklich sauber zu verbinden (Sutrich 2003). Die nachfolgende ▶ Tab. 4.1 von Sutrich und Schindelbeck zeigt die beiden Beratungsansätze anhand ausgewählter Dimensionen, in denen die wichtigsten Unterschiede deutlich werden. In der Spalte „gelingende Verbindung" ist die Integration aus Fach- und Prozessberatung skizziert.

In einer solchen Komplementärberatung geht es um ein undogmatisches Oszillieren zwischen Inhalt und Prozess, um einen ständigen Wechsel zwischen dem vom Klienten eingebrachten Thema (Vordergrund) und dem Umfeld dieses Themas (Hintergrund). Wobei den Begriffen Vordergrund und Hintergrund die theoretische Nähe zur Gestaltpsychologie deutlich wird. Gerade

Tab. 4.1 Gelingende Verbindung von Fach- und Prozessberatung. (Aus Sutrich und Schindelbeck 2005, S. 275, © 2012 EHP - Verlag Andreas Kohlhage. Abdruck mit freundlicher Genehmigung durch den Verlag. All Rights reserved. This includes reproduction and transmissions in any form or by any means without permission in writing from the publisher.)

Dimension	Fachberater	Prozessberater	Gelingende Verbindung aus Fach- und Prozessberatung
Fokus der Arbeit und Kommunikation auf/über	Inhaltliche Ebene (*Was ist zu ändern?*)	Emotionale und soziale Ebenen (*Wie ist etwas zu ändern?*)	Undogmatisches Oszillieren zwischen Inhalt und Prozess, Vordergrund und Hintergrund einer Gestalt; „passgenau" wechselndes Einbringen von Fach- und Prozessaspekten.
Organisationsbild und dominantes Organisationsmodell	▪ Steuerbarkeit einer Organisation ▪ Verhalten nach dem Ursache-Wirkungs-Prinzip ▪ Funktional-hierarchische Verteilung der Verantwortung	▪ Komplex und daher nicht steuerbar ▪ Verhalten ist nicht linear ▪ Primärer Ansatz bei den Menschen und ihrer Soziodynamik	Über Rückkopplungsprozesse werden die Projektbeteiligten immer wieder mit ihrem eigenen Organisationsbild in Berührung gebracht. Durch Arbeiten an den Grenzen erfolgt substanzieller Lernzuwachs der Organisationsmitglieder. ▪ Prozessorganisation und Netzwerke
Menschenbild	Mitarbeiter sind eine Ressource unter anderen (Kapital ....)	Konzentration auf die Mitarbeiter und ihrer Unterschiedlichkeit und Vielfalt	▪ Wahrnehmung und Wertschätzung des jeweils anderen Beratungsansatzes ▪ Die „Dominanz" eines Ansatzes kann und muss im Verlauf eines Projektes oft wechseln. ▪ Ständige Kommunikation ist Voraussetzung für Kooperation
Lernen, Verhaltensänderungen	▪ Individuelles Lernen ist wichtig ▪ Imitation erwünscht ▪ Instruktion möglich und effizient (Lernen 1)	Betonung von Erfahrungslernen über Einzel- und Teamreflexion (Lernen 2)	Lernen 1+2 sind zu kombinieren wie Inhalt und Form. Erfahrungslernen wird durch Rückkopplungsschleifen ermöglicht und integriert Fachinstruktionen
Zeitgefühl	▪ Linear verdichtend ▪ Schnellstmögliche Zielerreichung	▪ Entschleunigend ▪ Das Hier und Jetzt im Vordergrund ▪ Veränderung braucht Zeit	Bewusster Wechsel der Tempi je nach Projektphase
Sprache und wissenschaftliche Wurzeln	▪ Business Administration ▪ Naturwissenschaften	▪ Systemtheorie ▪ Geisteswissenschaften	Beratungswissenschaft als integratives Theoriedach über beide ▪ Der Widerspruch ist die inspirierende Quelle für den kreativen Transfer in die Organisationspraxis und weitere Theorieentwicklung Aufbau einer gemeinsamen Sprache/Schatzes

dieser Wechsel zwischen Vordergrund und Hintergrund entspricht einem kontinuierlichen Wechsel der Ebenen und Perspektiven. Dementsprechend ist es bei einem Management-Coaching.. auch möglich, dass der Management-Coach „passgenau" wechselnde Fach- und Prozessaspekte einbringt, sofern er bzgl. der Fachaspekte über entsprechende Kenntnisse verfügt, wie es weiter oben in Anlehnung an Schreyögg (2015) ausgeführt wurde. Über Rekonstruktions- und Rückkopplungsprozesse wird der Klient immer wieder mit seinem eigenen Organisationsbild in Berührung gebracht. Diese Rekonstruktions- und Rückkopplungsprozesse stellen einerseits sicher, dass die Ebene der Organisation ausreichend Berücksichtigung findet; andererseits kann dadurch die Sensibilität für die organisationalen Dimensionen der Strategie, der Struktur und der Kultur erhöht werden (Sutrich und Schindlbeck 2005, S. 275).

Außerdem tragen Ansätze einer Komplementärberatung dazu bei, dass die im Rahmen eines Management-Coachings unter besonderer Berücksichtigung narzisstischer Phänomene erzielten Veränderungen auf der individuellen Ebene auch auf der interaktionellen und der organisationalen Ebene ihren Niederschlag finden. An dieser Stelle sei betont, dass es für ein Management-Coaching.. sinnvoll sein kann, neben einer im Vordergrund stehenden Prozessberatung, im Hintergrund Elemente einer Fachberatung einzuflechten, sofern dafür auch ein Auftrag erteilt wurde und die entsprechenden Kompetenzen auf Seiten des Management-Coaches vorhanden sind.

Die bisherigen Ausführungen zu den theoretischen Hintergründen haben deutlich gemacht, dass man bei einem Management-Coaching.. durchaus von einem „*psychodynamischen Mehrebenen-Komplementär-Coaching*" sprechen kann (zur psychodynamischen Organisationsberatung vgl. Lohmer 2000; zu einem Mehrebenen-Coaching vgl. Greif 2008, S. 288; zu einem Komplementär-Coaching Strikker und Strikker 2009).

4.1.4 Die Humanistische Psychologie als Hintergrund

Ein Management-Coaching.. steht ferner in der Tradition der humanistischen Psychologie. Zu diesem Hintergrund zählen die Erkenntnisse von Maslow, insbesondere seine Bedürfnispyramide, die Entwicklungen von Carl Rogers, insbesondere seine Betonung des menschlichen Potenzials, über das ein Individuum verfügt und die Möglichkeit, sich selbst zu entwickeln. Dazu zählen aber auch die Erkenntnisse von Erich Fromm (normativer Humanismus), Fritz und Lore Perls (Gestalttherapie), Alexander Lowen (Bioenergetik), Viktor E. Frankl (Logotherapie), Ruth Cohn (Themenzentrierte Interaktion) und vielen anderen mehr (einen hervorragenden Überblick über die Wurzeln von Coaching gibt Drath 2012).

Das zentrale Anliegen der humanistischen Psychologie ist der Aufbau einer verlässlichen, unterstützenden und innigen Beziehung, in der die in ihrer Entwicklung gehemmte Persönlichkeit ihre Bedürftigkeit auf allen Stufen der Bedürfnispyramide erkennt, Kompetenzen zur Befriedigung erarbeitet sowie ihr Potenzial für ein Leben als selbstbewusste Person entfalten lernen kann. Diesem Anliegen sollte auch in einem Management-Coaching.. ein zentraler Stellenwert zukommen.

Außerdem gilt es, Körper, Seele und Geist sowie die materielle, die emotionale und die spirituelle Welt einzubeziehen (Philipp 2010, S. 235; Zohar und Marshall 2009). Es geht um eine Integration von Empfinden, Fühlen, Wahrnehmen und Denken sowie um die Entwicklung von Phantasie, Imagination und Intuition. Ausgangspunkt in einem Management-Coaching.. ist das gegenwärtige Erleben des Klienten sowie die Wechselbeziehung zwischen Person, Aufgabe, Team, Organisation und Gesellschaft.

Im Rahmen eines Management-Coachings unter besonderer Berücksichtigung narzisstischer Phänomene können sicherlich viele Elemente aus dem gesamten Spektrum von gegenwarts-, körper- und personenbezogenen Verfahren aus der humanistischen Psychologie Anwendung finden.

Nach Ansicht des Autors eignet sich die Perspektive und die Herangehensweise aus der Gestalttherapie[4] besonders für dieses Coachingkonzept. Für Bocian (2010, S. 47f) ist das untersuchte Feld bei Perls, Hefferline und Goodman größer als das vieler Säuglingsforscher und Entwicklungspsychologen. Es werden die „inneren" wie die „zwischenmenschlichen" Beziehungen und die „realen" Lebenssituationen ins Blickfeld genommen. Zur Analyse des Gesamtfeldes gehören auch die gesellschaftliche Situation, in der sich die Individuen befinden sowie ihre geschichtliche Erfahrungen. Es geht um das Verstehen der Zusammenhänge, um eine Beziehungsanalyse auf allen Ebenen (Perls et al. 1979, S. 14).

Nach Auffassung von Bocian meinen Fritz Perls und Paul Goodman (die beiden wesentlichen Begründer der Gestalttherapie zusammen mit Lore Perls) mit „Gestaltanalyse" im Unterschied zu einer Psychoanalyse, einen Ansatz, der psychoanalytisches und systemisches Denken und Arbeiten zu integrieren versucht und sowohl an der Analyse als auch an der konkret experimentellen Veränderung des Erlebens und Verhaltens interessiert ist. Es wird versucht, Spaltungen zu überwinden, indem die Beziehungen im „inneren Theater" der sog. Selbst- und Objektrepräsentanzen sowie der Zusammenhang von Psyche und Körper ebenso berücksichtigt werden, wie das Verhältnis des betroffenen Menschen zu seiner natürlichen wie sozialen Mitwelt. Eine Gestalttherapie, die sich in diesem Sinne als eine das Gesamtfeld berücksichtigende Therapie versteht und sich damit zugleich als radikal gedeutete Psychoanalyse Freuds und lebendigen Teil der interaktiven psychoanalytischen Traditionslinie wiedererkennt, kann nach Ansicht von Bocian treffend als „Gestaltanalyse" bezeichnet werden (Bocian 2010, S. 47).

Genau diese Analyse des Gesamtfeldes ist das Anliegen eines Management-Coachings unter besonderer Berücksichtigung narzisstischer Phänomene. Es sollen die individuelle, die interaktionelle, die organisatorische und die gesellschaftliche Ebene betrachtet werden, eine Beziehungsanalyse zwischen diesen Ebenen in ihrer geschichtlichen Entwicklung erfolgen und daraus Veränderungen des Erlebens und Verhaltens des Einzelnen und seiner Einflussmöglichkeiten auf die weiteren Ebenen entwickelt werden.

Die Gestalttherapie ist ein Verfahren und eine Herangehensweise, die an sich schon systemisch und konstruktivistisch verwurzelt ist, trotzdem soll auf diesen theoretischen Hintergrund für ein Management-Coaching.. nachfolgend noch einmal explizit eingegangen werden.

4.1.5 Eine systemisch-konstruktivistische Perspektive als Hintergrund

Ein Management-Coaching.. sollte immer auch aus einer systemisch-konstruktiven Perspektive erfolgen. Systemisch ist ein Management-Coaching.. schon aufgrund der Berücksichtigung narzisstischer Phänomene auf der individuellen, interaktionellen, organisationalen und gesellschaftlichen Ebene und der dynamischen Reziprozität zwischen diesen Ebenen. Von daher sollten bei einer systemischen Bestandsaufnahme eines Management-Coachings.. nachfolgende Elemente und Faktoren berücksichtigt werden (Migge 2005, S. 35):

— Die Person als Element des sozialen Systems mit ihrer speziellen Geschichte und den daraus entstandenen (narzisstischen) Grundhaltungen, Überzeugungen, Wahrnehmungen, Zielen und Entscheidungen.

---

4 Die Gestalttherapie hat ihre Wurzeln in der Psychoanalyse. Fritz und Lore Perls waren beide Psychoanalytiker, bevor sie ihr Konzept der Gestalttherapie zusammen mit Hefferline und Goodman entwickelten.

4.1 · Theoretische Hintergründe für ein Management-Coaching..

- Die subjektiven (narzisstisch-beeinflussten) Deutungen und Wirklichkeitskonstruktionen der Person und die subjektiven (narzisstisch-beeinflussten) Deutungen und Wirklichkeitskonstruktionen des Vorgesetzten, der Kollegen etc.
- Die Kommunikations-, Interaktions- und Führungsstrukturen, die sich gegebenenfalls aufgrund individueller, interaktioneller und struktureller Faktoren verfestigt haben.
- Die Regeln und Vorschriften des Systems, die bewusst oder unbewusst sein können und sich in den Artefakten, den öffentlich propagierten Werten und in unausgesprochenen Annahmen (Schein 1995) niederschlagen können und durchaus narzisstisch infiziert sein können.
- Die Umwelt, wie z. B. Lieferanten, Kunden, Öffentlichkeit etc., die eine Organisation auch maßgeblich (narzisstisch) beeinflussen können, z. B. durch gesetzliche Regelungen oder durch entsprechendes Nachfrageverhalten.
- Die bisherige Entwicklung des Systems, insbesondere wie sich die Regeln und Normen innerhalb des Systems entwickelt haben. Es kann aufschlussreich sein, Informationen über die Geschichte der Organisation aber auch über die Leitungspersonen in der Vergangenheit mit zu berücksichtigen (König und Volmer 2003 S. 20ff).

Betrachtet man diese Elemente und Faktoren, insbesondere den zweiten Punkt, dann wird deutlich, dass ein Management-Coaching.. immer auch konstruktivistisch ist. Es muss davon ausgegangen werden, dass jede Entscheidung auf der individuellen Wahrnehmung des Menschen mit seinen historischen Erfahrungen im Kontakt mit der Umwelt basiert. Der Mensch konstruiert seine Vorstellung von der Wirklichkeit. Seine individuelle Sichtweise bestimmt, was und wie wahrgenommen, gefühlt, gedacht, bewertet, entschieden und gehandelt wird. Erweisen sich diese Muster als hilfreich, werden sie zu stabilen individuellen Mustern und zu einer individuellen Wirklichkeit (Eidenschink und Horn-Hein 2005, S. 3).

In einem Management-Coaching.. geht es darum, diese Muster und Schemata, die meist unbewusst sind, bewusst zu machen. Denn nur über eine Bewusstmachung besteht die Möglichkeit der Dekonstruktion dieser Wirklichkeit, die Platz schafft für neue Erfahrungen, die wiederum ein Initial sind für die Konstruktion neuer Wirklichkeiten.

Aus einer solchen systemischen Bestandsaufnahme und konstruktivistischen Perspektive ergeben sich spezifische Ansatzpunkte für mögliche Veränderungen:

- Veränderungen auf der individuellen Ebene als zentraler Hebel eines Management-Coachings.. sollen nicht nur die Wahrnehmungen und Deutungen sondern auch das Verhalten und die Entscheidungen betreffen. Bei diesen Veränderungen auf der individuellen Ebene sind noch die vier von Backhausen und Thommen (2003, S. 3) genannten systemisch-konstruktivistischen Interventionsebene zu beachten, auf der das Klientensystem zu einer Veränderung veranlasst werden soll:
    - die Ebene des situativen Handelns („to do"),
    - die Ebene der Ressourcen und Kompetenzen („how to do"),
    - die Ebene der Werte und Kriterien („want to do"),
    - die Ebene der Identität und Sinngebung („chance to do").
- Durch diese Veränderungen auf der individuellen Ebene sollen sich Veränderung auf der interaktionellen Ebene ergeben. Diese sollen jedoch nicht nur die Kommunikations- und Interaktionsstrukturen betreffen, sondern durchaus auch Entscheidungsprozesse.
- Darüber hinaus können sich Veränderungen in der Strategie, Struktur und Kultur der Organisation ergeben, die die Systemgrenzen der Unternehmung verändern und z. B. zu neuen Kunden, Lieferanten und Kooperationspartnern führen.
- Veränderungen in der Art und Weise, wie sich eine Organisation kontinuierlich fortentwickelt, d. h. in Bezug auf die Systementwicklung bzw. die Unternehmensentwicklung.

Allerdings gilt auch für ein Management-Coaching.., was Claus Epe, Maren Fischer-Epe und Martin Reissmann (2011, S. 39) in Hinblick auf die Grenzen systemischer Aspekte im Coaching betonen: Die besondere Stärke und Bedeutung des Einzel-Coachings ist gerade, dass das Individuum im Mittelpunkt steht. Die Organisation mit ihren Spielregeln, Wirkungen sowie Wechselwirkungen werden zwar intensiv reflektiert und der Coach kann den Klienten dabei unterstützen, sich im System erfolgsversprechender zu verhalten und konstruktive Entwicklungen in seinem Umfeld anzustoßen. Einzel-Coaching bleibt jedoch die Sicht bestenfalls zweier Personen auf ein System.

4.1.6 Weitere theoretische Hintergründe

Mit den genannten theoretischen Hintergründen für ein Management-Coaching.. sind sicherlich nicht alle theoretischen Hintergründe für ein solches Coachingkonzept aufgeführt. Es wurden jedoch die wesentlichen theoretischen Hintergründe und Erkenntnisfelder erwähnt, aus denen sich dieses Konzept speist.

Es gibt noch viele Theorien und Erkenntnisfelder, aus denen ein solches Konzept wertvolle Ergänzungen erhalten könnte. Beispielhaft seien nur zwei Bereiche genannt, die gegenwärtig im Umfeld von Management und Veränderung häufig Erwähnung finden: Neurobiologie und Zen (Achtsamkeit).

Gerade die neueren Erkenntnisse aus der Neurobiologie und -physiologie liefern interessante Aspekte für ein Management-Coaching.. Zu diesen Erkenntnissen zählen die Entdeckung der Spiegelneuronen und das Bild eines physiologisch auf Kooperation ausgerichteten Menschen (Bauer 2006).

Gleichzeitig entstehen vermehrt Verbindungen zwischen Management und Zen. Es formiert sich in der Wirtschaft ganz vorsichtig und zaghaft ein neues Bewusstsein, das nicht mehr einseitig auf äußeren Erfolg und materiellen Gewinn fixiert ist, sondern nach Erfüllung und Nachhaltigkeit im Einzelnen, im System und der Gesellschaft sucht. Geistige Offenheit, Intuition, die Fähigkeit, nicht fixiert zu sein und das eigene Ego bei Bedarf vollständig zurückzustellen, sind Kompetenzen, die erst zaghaft wahrgenommen und entsprechend erst entwickelt werden müssen (Linder-Hofmann und Zink (2003); Jäger und Kohtes (2009)

4.2 Anlässe, Formen und Arten für ein Management-Coaching..

Leider muss ich trotz langjähriger Tätigkeit als Management-Coach – mit einer Spezialisierung auf Narzissmus – immer noch Cremerius beipflichten, der schon 1979 schrieb:

> ‚Der Mächtige lebt seine neurotischen Bedürfnisse ungehindert in der Realität aus; anstatt Leidensdruck zu entwickeln, agiert er.' (Cremerius, 1979, S. 12). Zu mir sind in den letzten Jahren wenig leitende Führungskräfte gekommen, die explizit ihre narzisstischen Persönlichkeitsanteile und deren Einfluss auf ihre Managementrolle thematisieren wollten. Allerdings erhielt ich einige Anrufe von Personalleitern, die sich mit stark narzisstischen Verhaltensweisen von leitenden Mitarbeitern konfrontiert sahen. Hier konnte ich beratend meist nützlich sein. Ich habe jedoch Geschäftsführer und leitende Mitarbeiter im Management-Coaching gehabt, in denen nach einer Zeit der Vertrauensbildung auch narzisstische Verhaltensanteile und deren biografischer Hintergrund thematisiert wurden. Dies war meist persönlich sehr erhellend und für die zukünftige Gestaltung ihrer Managementrolle gewinnbringend. Ich habe mich dabei meist im Management-Coaching

verhalten, wie es mir Wolfgang Loos in einem Interview 2009 verdeutlichte: Narzissmus als Syndrom ist ein Blickwinkel der Berater, nicht der Klienten (Schneck 2012a, S. 466).

Zwei Sachverhalte möchte ich unter dem Aspekt der *Anlässe* für ein Management-Coaching.. jedoch nicht unerwähnt lassen. Zum einen kommen öfter Klienten ins Management-Coaching, die unter Narzissmus im Management in ihrem beruflichen Umfeld leiden, ohne sich dessen bewusst zu sein. Oft sind es Frauen, die sich in komplementärnarzisstischen Positionen befinden und meist unbewusst bereit sind, diese Konstellation und ihr Leiden daran langsam aufzulösen. Dies ist häufig ein sehr schmerzvoller Prozess, der auch einiges an biografischer Arbeit erfordert. Manchmal ist dieser Prozess auch mit einem Stellenwechsel verbunden. Insgesamt bringt die Auseinandersetzung mit dem Thema Narzissmus im Management-Coaching aber meist wertvolle Einsichten und eröffnet viele neue Verhaltens- und Entscheidungsmöglichkeiten.

Der zweite Sachverhalt, den ich hier noch erwähnen möchte, ist die Tatsache, dass gegenwärtig allein in Deutschland 20.000 Schadensfälle bei den Versicherern für Vermögensschadenshaftpflichtversicherung von Managern (sog. D&O Versicherungen) anhängig sind, in denen Unternehmen Schäden von ihren Managern ersetzt bekommen haben wollen. Der wohl gegenwärtig bekannteste und teuerste Fall ist Rolf Breuer und seine Beteiligung im Fall Kirch. Er dürfte aber zukünftig abgelöst werden von Martin Winterkorn und seinen Haftungsverpflichtungen beim Dieselskandal gegenüber VW. In diesen beiden Fällen und vielen weiteren geht es einerseits um Millionenbeträge und andererseits sicherlich auch – wenn auch nicht ausschließlich – um Narzissmus und narzisstische Phänomene im Management. Mir ist es daher zunehmend ein Rätsel, warum in den Verträgen (dem sog. Wording) dieser D&O Versicherung nicht ein regelmäßiges Management-Coaching unter besonderer Berücksichtigung narzisstischer Phänomene verbindlich vorgeschrieben wird. Dies wäre sicherlich kein Garant für zukünftige geringere Schäden oder sogar Schadensfreiheiten – aber m. E. die beste Form der Prävention. So fordert Fredy Hausammann, ein Schweizer Management-Coach, schon 2009, dass Manager – genauso wie Unternehmen sich regelmäßig einer externen Revision oder Piloten sich einer gesundheitlichen und fachlichen Tauglichkeitsprüfung stellen – ihr Handeln regelmäßig reflektieren müssen. Personal-Governance-Coaching, als regelmäßiges Sparring mit einem professionellen Executive Coach, sollte seiner Meinung nach als Teil einer guten Corporate Governance selbstverständlich sein und zum Standard werden (Hausammann 2009, S. 13). Im Deutschen Corporate Governance Kodex sollte ein regelmässiges Management-Coaching als Empfehlung (soll) oder zumindest als Anregung (sollte) aufgenommen werden. Durch ein solches Management-Coaching.. würde endlich eine ganz selbstverständliche Begegnung auf Augenhöhe stattfinden, in der die Thematik Narzissmus im Management auf einer vertrauensvollen Basis bearbeitet werden könnte. Es sei an dieser Stelle noch einmal Haller (2016, S. 35) genannt, für den die Auseinandersetzung mit den eigenen narzisstischen Anteilen, eine der wichtigsten aber auch der schwierigsten Aufgaben der Persönlichkeitsbildung ist. Seiner Ansicht nach aber keinem erspart bleibt, der erfolgreich sein will.

D & O Versicherer sollten ein Management-Coaching unter Berücksichtigung narzisstischer Phänomene nicht nur verbindlich in die Versicherungsbedingungen aufnehmen, sondern auch einen Coach Pool mit entsprechenden Qualitätskriterien aufbauen, eine Honorarordnung festlegen und eine fortlaufende Qualitätssicherung der Management-Coaching Prozesse gewährleisten. Dies ist sicherlich mit Aufwand verbunden, angesichts der aktuellen und zukünftiger Schadenshöhen für die Versicherer wie für die Unternehmen jedoch notwendig, um diese Form der Versicherung langfristig weiter anbieten zu können. Dies würde auch dem Beruf als Management-Coach und seiner Professionalisierung endlich eine angemessene Positionierung verschaffen. Allerdings haben meine durchaus sehr guten Kontakte in den Bereich der D&O Versicherungen ergeben, dass es selbst nach aktuellem Anlass keinerlei Forderungen von Seiten der Versicherungsindustrie in Richtung einer guten Corporate Governance und risikomindernder Maßnahmen gibt.

Unterstellt man einmal, dass es eine solche Verpflichtung zu einem Management-Coaching.. durch die Versicherungswirtschaft gäbe, dann könnten die Anlässe für ein Management-Coaching.. differenziert werden, durch die Ebene, auf der sie vorrangig in Erscheinung treten.

Anlässe für ein Management-Coaching auf der individuellen Ebene könnten eine Verbesserung der Entscheidungsqualität gerade auch in Hinblick auf die Risikohöhe, eine Verbesserung der Führungsqualität, die Begleitung von Veränderungsprozessen, Konfliktlösungen aber auch die Erhöhung der Lebensqualität des Managers etc. sein. Bei all diesen Anlässen für ein Management-Coaching.. sollten die vom Klienten genannten Anliegen den Vordergrund und das eigentliche Thema des jeweiligen Management-Coaching-Prozesses darstellen; die Berücksichtigung narzisstischer Phänomene sollte aber stets den Hintergrund dieser Management-Coaching-Prozesse bilden.

Anlässe auf der interaktionellen Ebene für eine Berücksichtigung narzisstischer Phänomene im Management-Coaching ergeben sich vorwiegend aus der Führungssituation. Schein (2011, S. 33) findet es sehr erstaunlich, dass Führungskräfte auf sehr hoher Ebene den Kommunikationsprozess zwischen Menschen nicht verstehen und auch Gruppendynamiken nicht begreifen. Sie sind für ihn in einem erstaunlichen Maße inkompetent im zwischenmenschlichen Umgang. Es kämen somit auch die schon in ▶ Abschn. 3.2.1 genannten Forderungen von Mertens und Lang (1991, S. 97) zum Tragen, die fordern, dass eine erfolgreiche Führungskraft auch Kompetenzen zum Wahrnehmen unbewusster Prozesse in Organisationen mitbringen sollte, wie die Fähigkeiten Übertragungen zu verstehen, Ambivalenzen zu erkennen, Rivalitäten in konstruktive Bahnen zu lenken, Ideale zu erkennen und sie zu verbinden sowie Idealisierungen abzubauen.

Management-Coaching.. darf jedoch nicht nur zum Ziel haben, dass der Klient sein Verhalten in der Führungsrolle reflektiert, sondern dass er auch sein Management-Handeln und dabei insbesondere sein Change-Management begleiten lässt. Als Anlass auf der organisationalen Ebene muss daher die zunehmende Komplexität, Dynamik und Beschleunigung genannt werden, denen Unternehmen zukünftig ausgesetzt sind. Um auf diese Herausforderungen adäquat zu reagieren, sind völlig neue Organisations-, Kommunikations- und Innovationsprozesse notwendig. Da die bestehenden Prozesse und Strukturen maßgeblich durch narzisstische Phänomene geprägt sind, kann ein Management-Coaching.. als wichtiges Initial fungieren, um diese Prozesse zu dekonstruieren und damit Raum schaffen, um neue Prozesse zu konstruieren. Der Fokus in einem Management-Coaching.. sollte, wie es Kets de Vries formulierte, daher auch auf der Ermittlung des übergeordneten Stils der Unternehmung liegen und dabei speziell die Strategie, Struktur und Kultur berücksichtigen. Dadurch könnten die Wurzeln der Probleme einer Unternehmung entdeckt und entsprechende Maßnahme entwickelt werden. Gerade neue Organisations-, Kommunikations- und Innovationsprozesse sind die Kernelemente einer erfolgreichen Unternehmensentwicklung. Dabei können auch die von Laloux (2015, S. 36f) genannten Stufen der Entwicklung von Organisationen insbesondere in der Phase der Diagnose sehr hilfreich sein. Er unterscheidet in tribale impulsive Organisationen, traditionell konformistische Organisationen, modern leistungsorientierte Organisationen und postmodern pluralistische Organisationen (▶ Tab. 3.3), die sich jeweils durch gänzlich unterschiedliche Bewusstseinsstufen, Strukturen, Kulturen, Systeme und Prozesse auszeichnen. Laloux betont aber auch, dass die Öffnung für eine spätere, komplexere Bewusstseinsstufe oft mit tiefen Lebenskrisen verbunden ist. Management-Coaching.. könnte jedoch ein Format sein, die das Wachstum in eine spätere Bewusstseinsstufe von Leitungskräften empathisch stützt und fördert und den damit einhergehenden evolutionären Unternehmensentwicklungsprozess begleitet.

Dabei zeichnet sich ein evolutionärer Prozess der Unternehmensentwicklung dadurch aus, dass es sich um einen kontinuierlichen Veränderungsprozess ohne gravierende Brüche handelt. Ein solcher kontinuierlicher Veränderungsprozess ist begleitet von kontinuierlichen Lern- und Bewusstseinsprozessen bei den Betroffenen, geprägt durch eine hohe Partizipation der Mitarbeiter und steht unter dem Primat der Hilfe zur Selbsthilfe. Bei revolutionären Prozessen hingegen handelt es sich meist um schlagartige und unwiderrufliche Änderungen, die aufgrund einer Kumulation von Problemen entstanden sind. Diese Prozesse bergen oft einen Überraschungseffekt in sich und sind meist mit erheblichen Reibungsverlusten bei den betroffenen Stakeholdern verbunden, wie es gerade bei der Deutschen Bank und bei VW sehr anschaulich zu beobachten ist. Evolutionäre Prozesse verhindern somit revolutionäre Veränderungsprozesse.

Darüber hinaus können die sich wandelnden gesellschaftlichen Rahmenbedingungen wirtschaftlichen Handelns als Anlässe für ein Management-Coaching betrachtet werden. Die Etablierung neuer ethischer Grundwerte wirtschaftlichen Handelns bedarf einer Auseinandersetzung mit narzisstischen Phänomenen auf allen Ebenen, da diese narzisstischen Phänomene maßgeblich dafür verantwortlich sind, dass wirtschaftliches Handeln gegenwärtig häufig ethischen Grundwerten widerspricht. So setzt die Forderung zur Nachhaltigkeit wirtschaftlichen Handelns ebenfalls eine Auseinandersetzung mit narzisstischen Phänomenen voraus, um eine größere Verantwortung für die nachfolgenden Generationen zu entwickeln. Auch eine größere Bedeutung der „Corporate Social Responsibility" und des Stakeholder-Prinzips können Auslöser für ein Management-Coaching.. sein. Die Berücksichtigung dieser Prinzipien verlangt eine höher entwickelte Empathie bei den verantwortlichen Führungskräften, die diese Empathie an ihre Mitarbeiter weitervermitteln und auf der organisationalen Ebene durch eine höhere Corporate Social Responsibility und eine größere Berücksichtigung der Stakeholder-Interessen realisieren müssen. Ein Management-Coaching.. kann einen wichtigen Beitrag zur Verbesserung dieser Empathie leisten und dadurch einen Prozess der Unternehmensentwicklung einleiten.

Ein Management-Coaching.. wird vorwiegend in *Form* eines *Einzel-Coachings* stattfinden. Dabei lässt sich dieses Einzel-Coaching nicht grundsätzlich auf eine bestimmte Gruppe von Führungskräften beschränken. Es entfaltet sicherlich eine größere Wirkung, je höher der Klient in der Hierarchie der Unternehmung angesiedelt ist.

Neben den Formen eines Management-Coaching.. ist nach der *Art* eines Coachings zu fragen. Ein Management-Coaching sollte nach Ansicht des Autors durch einen *externen Coach* durchgeführt werden. Der Grund dafür liegt in der Sensibilität, der Intimität, der großen Verletzbarkeit und weiterer sehr persönlicher Faktoren, die eine Auseinandersetzung mit narzisstischen Phänomene besonders auf der individuellen und der interaktionellen Ebene mit sich bringen kann. Ferner setzt eine Auseinandersetzung mit narzisstischen Phänomenen eine absolute Vertraulichkeit voraus. Die Unabhängigkeit des externen Coachs von der Unternehmung stellt eine weitere wichtige Bedingung für ein Management-Coaching dar.

Ein solches Management-Coaching.. folgt damit auch in dem Coaching Verständnis von Fatzer und Schoefer (2006, S. 57) für die Coaching eine Begleitung von Transformationsprozessen darstellt. Ihrer Ansicht nach sollte Coaching als parallele Entwicklung von Person und System gesehen werden. Dies begründet sich auch dadurch, dass Führungskräfte als Change-Manager Verantwortung für die Nachhaltigkeit von systemischen Transformationsprozessen haben. Coaching kann daher nicht nur zum Ziel haben, dass der Klient sein Verhalten in der Rolle und der Führung reflektiert, sondern dass er auch seine Aufgaben bei der Steuerung und Unterstützung von Veränderungsprozessen begleiten lässt. Da Management immer auch ein Management der Veränderung bedeutet, ist Management-Coaching.. immer auch ein Coaching bei Veränderungsprozessen.

4.3 Der Prozess eines Management-Coachings..

4.3.1 Einige theoretische Grundüberlegungen zum Prozess

Der Prozess eines Management-Coachings verläuft eigentlich in zwei Dimensionen, einer horizontalen und einer vertikalen. Die horizontale Dimension – die in der Coaching-Literatur üblicherweise gebräuchliche – stellt mehr den zeitlichen Verlauf auf der Inhaltsebene mit seinen logischen Schritten dar. Bei der horizontalen Dimension geht es mehr um „das eingebrachte Thema". Die vertikale Dimension bezieht sich dagegen mehr auf die unbewussten Prozesse und das „Thema hinter dem Thema". Es geht um Narzissmus und narzisstische Phänomene und spiegelt die Tiefe der behandelten Inhalte wider. Unter Tiefe soll hier der Grad des Persönlichen, des Scham-, Schuld- oder Schmerzbesetzten und des Vertraulichen verstanden werden bzw. der Weg vom Bewussten zum Unbewussten.

Die horizontale Dimension

Der Prozess eines Management-Coachings verläuft in der horizontalen Dimension wie alle Coachings in Phasen und Schritten.

Rauen (2000, S. 235) zeigt in seinem Coaching-Handbuch einen schematischen Ablauf eines Coaching-Prozesses auf. Er unterscheidet dabei:
- Vorphase, die sich wiederum unterteilt in die Wahrnehmung des Coaching-Bedarfs, in ein erstes Kennenlernen und den Vertragsschluss.
- Hauptphase, die aus der Klärung der Ausgangssituation, der Zielbestimmung und den Interventionen besteht.
- Abschlussphase, die aus der Evaluation und dem Abschluss besteht.

König und Vollmer (2003) haben in ihrem Handbuch *Systemisches Coaching* eine Struktur für einen Coaching-Prozess in Anlehnung an das GROW-Modell von Whitmore (1994) dargestellt.
GROW bedeutet dabei:
- GOAL setting (Orientierungsphase) mit den Fragen:
    - Was ist das Thema des Coachings?
    - Was ist das Ziel?
    - Was soll am Ende erreicht sein?
- REALITY checking (Klärungsphase) mit den Fragen:
    - Wie ist die gegenwärtige Situation?
    - Was ist erreicht bzw. nicht erreicht?
    - Wo genau liegen die Probleme?
    - Was hat zur gegenwärtigen Situation geführt?
    - Was sind mögliche zukünftige Szenarien?
- OPTIONS (Lösungs- und Veränderungsphase) mit den Fragen:
    - Was sind Handlungsmöglichkeiten?
    - Was sind jeweils Vor- und Nachteile?
- WILL (Abschlussphase) mit den Fragen:
    - Was ist das Ergebnis?
    - Was sind die nächsten Schritte?

Diese vier Phasen eines Coaching-Prozesses lassen sich nach Ansicht der Autoren auf einen längeren Coaching-Prozess mit mehreren Sitzungen genauso anwenden wie für eine einzelne Coaching-Sitzung.

4.3 · Der Prozess eines Management-Coachings..

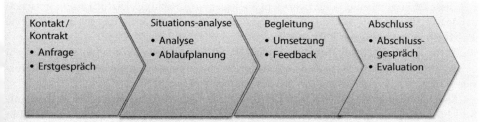

Abb. 4.5 Die horizontalen Prozessschritte eines Management-Coachings... (Aus Schneck 2013, © 2012 EHP - Verlag Andreas Kohlhage. Abdruck mit freundlicher Genehmigung durch den Verlag. All Rights reserved. This includes reproduction and transmissions in any form or by any means without permission in writing from the publisher.)

Auch der Prozess eines Management-Coachings.. verläuft entsprechend der von Rauen und Whitmore dargestellten Phasen und Schritte. Die Besonderheiten für einen Management-Coaching-Prozess unter besonderer Berücksichtigung narzisstischer Phänomene werden anhand der nachfolgenden Prozessschritte (in Anlehnung an Bachmann 2012, S. 65) dargestellt (▶ Abb. 4.5).

Dieses horizontale Prozessmodell soll hauptsächlich den Gesamtprozess und seine speziellen Schritten mit ihren speziellen Inhalten und Themen darstellen. Natürlich verlaufen aber auch die einzelnen Sitzungen in einzelnen Schritten, die diesem Gesamtmodellprozess sehr ähnlich sind. Ferner werden sich in der Regel die Phasen der Situationsanalyse und der Begleitung in einem Management-Coaching mehrfach wiederholen.

Die vertikale Dimension

Bei der vertikalen Dimension im Management-Coaching..-Prozess geht es vorwiegend um eine Vertiefung der aufgeworfenen Themen, wie es die nachfolgende ▶ Abb. 4.6 darstellt.

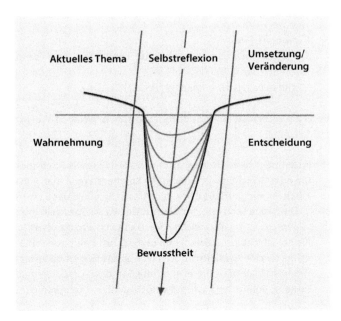

Abb. 4.6 Die vertikale Dimension der Vertiefung im Prozess eines Management-Coachings... (Aus Schneck 2013, © 2012 EHP - Verlag Andreas Kohlhage. Abdruck mit freundlicher Genehmigung durch den Verlag. All Rights reserved. This includes reproduction and transmissions in any form or by any means without permission in writing from the publisher.)

Diese Dimension erachte ich bei einem Management-Coaching.. letztlich als die entscheidende bzw. die ergebnis- und qualitätsrelevante, denn gerade die Vertiefung gewährleistet eine Aufarbeitung narzisstischer Phänomene.

Theoretisch liegt diesem Prozess zum einen das Eisbergmodell von Freud zugrunde. Es geht bei der Vertiefung in der vertikalen Dimension um ein langsames Eintauchen in die unbewussten Schichten bzw. um ein Gewahr-Werden unbewusster Inhalte.

Ein weiteres theoretisches Konstrukt für diese vertikale Prozessdimension ist das Fünf-Schichten-Modell von Fritz Perls (zu dem Fünf-Schichten-Modell s. auch Blankertz und Doubrawa 2005, S. 285). Perls beschreibt unterschiedliche Schichten des Selbst, die den eigentlichen Kern (des Menschen) umgeben. Sein Modell dient einerseits zur Beschreibung einer Neurose bzw. von Störungen des Wachstumsprozesses (dieser Ausdruck wurde von Perls präferiert) und ist andererseits zugleich eine Darstellung des Therapieprozesses mit seinen Phasen bzw. des Veränderungsprozesses wie es Staemmler und Bock (1991) genannt haben.

Perls sprach Ende der 1960er-Jahre von vier bzw. fünf Phasen, Schichten oder Ebenen der Neurose und damit der Therapie. Sie umfassen die:

1. *Klischee-Phase*
   Sie ist gekennzeichnet durch Oberflächlichkeit und den Austausch von Bedeutungslosigkeiten.
   Der Neurotiker kann seine Bedürfnisse nicht deutlich sehen und sie deshalb nicht erfüllen (Perls 1976, S. 45).
2. *Rollenspiel-Phase*
   Sie ist gekennzeichnet durch „Topdog/Underdog-Spielchen".
   Angst ist eine ungeheure steckengebliebene und unterdrückte Erregung (Perls 1974, S. 72).
3. *Impasse-Phase*
   Sie ist gekennzeichnet durch Blockierung, Konfusion, Wiederholungszwänge, durch „das Gefühl, festgefahren zu sein".
   Wenn der östliche Mensch „Nichts" sagt, nennt er es etwa („no thingness") – es gibt da keine Dinge. Es gibt nur Geschehen, Ereignis (Perls 1974, S. 65).
4. *Implosions-Phase*
   Sie ist gekennzeichnet durch Panik, Katastrophenerwartungen und Todesangst.
   To suffer one's death ... (Perls 1974, S. 6)
5. *Explosions-Phase*
   Sie ist gekennzeichnet durch echte Trauer, Wut und Freude und mündet in Authentizität.
   ... and to be reborn is not easy (Perls 1974, S. 6).

Perls hat diesen Ablauf in der ihm typischen Weise in Workshops en passant skizziert (Perls 1974, S. 62f):

> Im Moment sehe ich es so an, dass die Neurose aus 5 Schichten besteht:
> Die erste Schicht ist die Schicht der Klischees. Wenn man jemand trifft, tauscht man Klischees aus ... all die bedeutungslosen Symbole des Sich-Treffens.
> ... Die zweite Schicht ... [ist] die Schicht, wo wir Spielchen machen und in Rollen schlüpfen ... – egal in welche Rolle. Diese sind also die oberflächlichen, die sozialen, die Als-ob-Schichten ... diese synthetische Schicht muß zuerst durchgearbeitet werden. Ich nenne sie eine synthetische Schicht, weil das sehr schön in das dialektische Denken passt. Wenn wir Dialektik – These, Antithese, Synthese – in Existenz übersetzen, können wir sagen: Existenz, Antiexistenz, synthetische Existenz, ein Kompromiss zwischen Antiexistenz und

Existenz. … Wenn wir nun diese Schicht des Rollenspielens durcharbeiten, wenn wir die Rollen wegnehmen, was erleben wir dann?

Dann erleben wir die Antiexistenz, wir erfahren das Nichts, die Leere. Das ist der tote Punkt, die Blockierung … das Gefühl, festgefahren zu sein und verloren …

Hinter der Blockierung liegt eine sehr interessante Schicht, die Schicht des Todes oder die Implosionsphase. Diese vierte Schicht erscheint entweder als Tod oder als Todesangst. … Sie erscheint bloß als Tod wegen der Lähmung entgegengesetzter Kräfte. Sie ist eine Art Katatonie: wir ziehen und ballen uns zusammen, wir implodieren.

Wenn wir einmal wirklich mit dieser Leblosigkeit der implosiven Schicht in Berührung kommen, ereignet sich etwas sehr Interessantes. Die Implosion wird Explosion … und diese Explosion ist das Bindeglied zum echten Menschen hin, der fähig ist, seine Gefühle zu erfahren und auszudrücken.

… Es gibt vier Grundarten der Explosion aus der Schicht des Todes:
1. Die Explosion der echten Trauer erleben wir, wenn wir einen Verlust oder Todesfall durcharbeiten, der noch nicht verarbeitet worden ist.
2. Die Explosion in den Orgasmus erleben wir bei sexuell blockierten Menschen.
3. Es gibt die Explosion in die Wut und auch
4. die Explosion in Freude, Lachen, ‚joie de vivre'.

Diese Explosionen stehen mit der echten Persönlichkeit, mit dem wahren Selbst in Verbindung. (Perls 1974, S. 62ff, zitiert nach Hartmann-Kottek, 2004, S. 61f)

An diesem Zitat von Perls wird sehr schön deutlich, worum es eigentlich beim Management-Coaching.. geht, um die Durcharbeitung der Klischee- und Rollenspielschicht, das Aushalten der Leere, das Erfahren und Überstehen der Angst und Panik sowie das Erleben von Trauer, Wut und Freude.

Zu Zeiten von Perls wurde in der Gestalttherapie noch sehr konfrontativ gearbeitet. Man sprach auch vom Westküstenstil, da Perls lange Zeit in Esalen, Kalifornien, lebte und arbeitete. Heute weiß man, dass eine vertrauensvolle und responsive Haltung notwendig ist, damit der Klient von sich aus durch diese Phasen geht, ohne wieder zu etwas gezwungen zu werden, was nicht wirklich Seines ist. Die Gefahr ist nämlich, dass der Klient wieder narzisstisch missbraucht wird, diesmal jedoch um den Narzissmus des Coaches zu befriedigen und nicht mehr den seiner Eltern. Wer sich als Management-Coach dieser Gefahr und seiner eigenen narzisstischen Anteile nicht bewusst ist, sollte narzisstische Thematiken im Management-Coaching nicht bearbeiten, denn schnell ist der Schaden größer als der Nutzen. So schreibt auch Lore Perls, die Frau von Frederik S. Perls: „Es ist Aufgabe der Therapie, ausreichend Stützung für die Umorganisation und Umkanalisierung der Energie zu entwickeln" (Perls 1978, S. 2). Dabei ist Rahm (1979, S. 177; Anm. d. Autors) zuzustimmen, für die „das Leben fortwährend Therapie im Sinne von Nachsozialisation ist. Therapie [Management-Coaching..] ist lediglich eine intensive Form von Stimulierung für mögliche Strukturveränderungen".

Hilarion Petzold (1993) hat für seine Integrative Therapie diesem Prozess noch zwei weitere anschließende Phasen hinzugefügt, die m. E. sehr wichtig sind:

- *Aufarbeitungsphase*
  Diese Phase dient dazu, die neue, erweiterte Identität erlebnismäßig zu integrieren und sich kognitiv mit dieser neuen Realität der Ganzheit auseinanderzusetzen.
- *Verhaltensmodifizierende Schlussphase*
  Hier wird kreativ-experimentell die neue Identität im Verhalten ausgelotet, erprobt und dabei gefestigt.

Auch Perls hat in einem seiner letzten Bücher noch eine letzte Phase angefügt, die „Authentizität" (Perls 1981, S. 66). Staemmler und Bock (1991, S. 83ff) haben dieses teilweise sehr fragmentarische Schichtenmodell von Perls aufgegriffen und in ihrem Buch *Ganzheitliche Veränderung in der Gestalttherapie* als Struktur des Veränderungsprozesses mit fünf Phasen genauer dargelegt. Die Phasen lauten bei ihnen: Stagnation, Polarisation, Diffusion, Kontraktion und Expansion. Sie sind den 5 Schichten von Perls ähnlich aber nicht identisch. Bei den nachfolgenden Anmerkungen zu den einzelnen Phasen und Besonderheiten in einem Management-Coaching..-Prozess wird teilweise auch Bezug genommen zu den Ausführungen von Staemmler und Bock, da diese deutlich ausführlicher dargelegt wurden.

Dieses Schichtenmodel der Veränderung hat schon sehr viel vorweggenommen, was Scharmer (2007), der am Massachusetts Institute of Technology (MIT) in Boston lehrt, heute mit seiner Theorie U beschreibt. Scharmers zentraler Gedanke ist: wie sich eine Situation entwickelt, hängt davon ab, wie man an sie herangeht, d. h. von den Erwartungen, aber auch von den „blinden Flecken" in der Wahrnehmung der Beteiligten. Von der Zukunft her führen bedeutet für ihn, Potenziale und Zukunftschancen zu erkennen und im Hinblick auf aktuelle Aufgaben zu erschließen. „Presencing" (aus „presence" und „sensing") nennt Scharmer diese Fertigkeit zur Entwicklung, von der sowohl eine Organisation als Ganzes als auch der einzelne Mitarbeiter persönlich profitiert. Die nachfolgende ▶ Abb. 4.7 verdeutlicht Scharmers Theorie U.

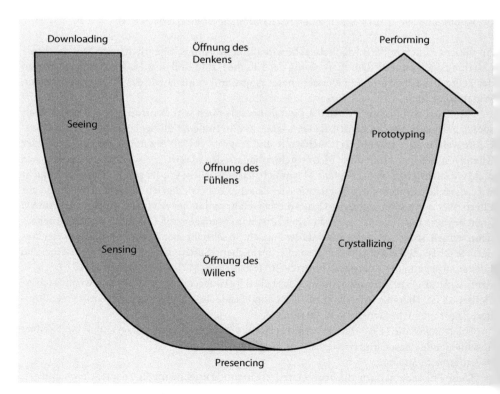

◘ **Abb. 4.7** Theorie U und die drei Instrumente: Öffnung des Denkens, Öffnung des Fühlens, Öffnung des Willens. (Mod. nach Scharmer 2007, S. 68, © 2012 EHP - Verlag Andreas Kohlhage. Abdruck mit freundlicher Genehmigung durch den Verlag. All Rights reserved. This includes reproduction and transmissions in any form or by any means without permission in writing from the publisher.)

4.3 · Der Prozess eines Management-Coachings..

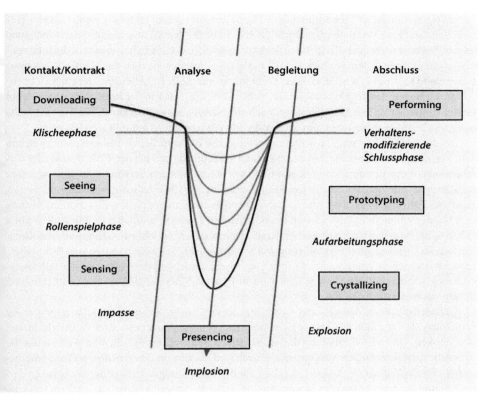

Abb. 4.8 Der Prozess der Vertiefung der (Selbst)Reflexion im Management Coaching... (Aus Schneck 2013, © 2012 EHP - Verlag Andreas Kohlhage. Abdruck mit freundlicher Genehmigung durch den Verlag. All Rights reserved. This includes reproduction and transmissions in any form or by any means without permission in writing from the publisher.)

Auch auf die verschiedenen Phasen in diesem U-Prozess (Downloading, Seeing, Sensing, Presencing, Crystallizing, Prototyping und Performing) wird in der nachfolgenden Prozessbeschreibung in einem Management-Coaching Bezug genommen.

Eine Verbindung der horizontalen Dimension und der vertikalen Dimension stellt die nachfolgende ▶ Abb. 4.8 des Prozesses der Vertiefung der (Selbst)Reflexion im Management Coaching.. dar.

4.3.2 Worauf bei den Prozessschritten eines Management-Coachings.. zu achten ist

Kontakt/Kontrakt

Der *erste Prozessschritt des Kontraktes* lässt sich in *die Anfrage* und *das Erstgespräch* (Klischeephase/Downloading/Rollenspielphase) unterteilen.

Schon in diesem ersten Prozessschritt sollte von Seiten des Management-Coaches entschieden werden, ob die besondere Berücksichtigung narzisstischer Phänomene im Management-Coaching explizit benannt wird, oder ob diese Berücksichtigung lediglich durch die Perspektive des Management-Coaches erfolgt. Häufig ist es sinnvoller, erst zu einem späteren Zeitpunkt auf das

Thema Narzissmus (das Thema hinter dem Thema) zu sprechen zu kommen, wenn sich eine entsprechend tragbare Vertrauensbasis gebildet hat. Es bleibt dem Management-Coach aber auch immer, Narzissmus rein als Perspektive des Management-Coaches zu belassen und die Interventionen darauf abzustellen. Ich habe jedoch die Erfahrung gemacht, dass das Thema Narzissmus zunehmend salonfähig wird und daher recht gut ansprechbar ist. Allerdings ist auch zu beobachten, dass zwar der Begriff Narzissmus in aller Munde ist, aber in der Regel mit nur geringem Wissen hinterlegt ist. Der Management-Coach, der Narzissmus explizit zum Thema macht, sollte in diesem Thema fundiert sein, um entsprechende Wissenslücken gut füllen zu können.

Bei der *Anfrage* ist darauf zu achten, dass mögliche Widersprüche – insbesondere zwischen dem Vermittler von Coaching und dem Klienten – im Auftrag und bei den Erwartungen der verschiedenen Anspruchsgruppen erkannt und thematisiert werden. So sind Aufträge von Seiten der Personal- oder der Personalentwicklungsabteilung wie: „Wir haben da eine besonders narzisstische Führungskraft, die sollte … " als äußerst kritisch zu beurteilen, da schon im Auftrag eine Wiederholung der Manipulation des potenziellen Klienten beinhaltet ist. Für Eidenschink (2003, S. 14) bestehen bei einer solchen Konstellation zwei Möglichkeiten: Einerseits der Organisation im Umgang mit dieser Führungskraft zu helfen, ihre Stärken zu nutzen und ihre Schwächen auszugleichen. Andererseits kann er versuchen, tatsächlich das Vertrauen der Führungskraft zu gewinnen und ein Management-Coaching zu beginnen. Beide Varianten schließen sich für ihn wechselseitig nicht aus.

Gerade bei einem Management-Coaching.. ist es wichtig, schon in der Anfangsphase den Prinzipien der Loyalität, der Transparenz und der Vertraulichkeit besondere Aufmerksamkeit zu schenken. Ohne die Einhaltung dieser Prinzipien ist es nicht möglich, eine vertrauensvolle Arbeitsbeziehung zwischen Management-Coach und Klient zu etablieren, die die Grundvoraussetzung für ein Management-Coaching.. bzw. für die Bearbeitung narzisstischer Thematiken darstellt. Schon ganz am Anfang des Management-Coaching-Prozesses ist darauf zu achten, dass der möglicherweise narzisstisch missbrauchte Klient nicht wieder verletzt wird.

Im *Erstgespräch* ist dem Kennenlernen von Management-Coach und Klient, als Basis für eine vertrauensvolle Arbeitsbeziehung, besondere Aufmerksamkeit zu schenken. Hierbei gilt es, wie es einer meiner Interviewpartner ausdrückte, durchaus eine gegenseitige Idealisierung milderer Art – eine „narzisstische Fruchtblase" – aufzubauen, in der sich etwas entwickeln kann. Es schadet daher nicht, wenn der Klient eine, wie in ▶ Abschn. 2.5 beschriebene Spiegelübertragung bzw. idealisierende Übertragung zum Management-Coach aufbaut. Diese Übertragungen müssen nur im Laufe des Prozesses bearbeitet und im gelingenden Fall wieder aufgelöst werden.

Ein wichtiges Kriterium für das Kennenlernen von Klient und Management-Coach ist die gegenseitige Sympathie. Für den Management-Coach ist es unabdingbar, dass er den Klienten zunächst einmal so annehmen kann, wie er ist. Für den Klienten ist es wichtig, dass er den Management-Coach so sympathisch findet, dass er bereit ist, eine wirkliche Vertrauensbeziehung mit ihm aufzubauen, um bisher Unausgesprochenes im Laufe des Management-Coaching.. Prozesses zu bearbeiten.

Darüber hinaus muss ein Einverständnis über Vorgehen, Regeln, Grenzen und Tabus erzielt werden. Eine Berücksichtigung narzisstischer Phänomene im Coaching kann mit der Wahrnehmung sehr privater, emotionaler und teilweise auch schmerzhafter Erlebnisse und Erfahrungen verbunden sein. Aus diesem Grund ist besonders auf die Grenzen und die Tabus des Klienten zu achten, die keinesfalls überschritten werden sollten, um eine erneute Verletzung oder gegebenenfalls wiederholte Traumatisierung des Klienten zu verhindern und die Etablierung einer tragfähigen Beziehung nicht zu gefährden. Bei der Konkretisierung des Coaching-Themas gibt es, erste Anhaltspunkte für das „Thema hinter dem Thema" zu erhalten.

Nach Eidenschink sind „Narzissten" zunächst fast nie daran interessiert, wirklich an sich zu arbeiten. Wenn sie Coaching suchen, wollen sie sich seiner Erfahrung nach nicht ändern, sondern sich perfektionieren und stabilisieren. Coaching soll helfen, noch idealer, toller und erfolgreicher zu werden. Im Falle einer (latenten) Krise soll Coaching dazu beitragen, die verlorene Großartigkeit wieder herzustellen. Mithilfe des Coaches versuchen sie, den eigenen Mangel an Genialität und Substanz zu substituieren. Die sekundären Symptome der narzisstischen Innenwelt wie Süchte, Schlaflosigkeit, Depressionen oder Ängste sollen – sofern vorhanden – verschwinden, ohne die eigentlichen Ursachen zu thematisieren.

Der Coach hat in diesen Fällen nur die Wahl zwischen zwei Möglichkeiten: Entweder den Auftrag abzulehnen und zu begründen, warum er dies tut; eine seiner Meinung nach meist durchaus wirksame Intervention, die gelegentlich zum Nachdenken anregt. Oder den Auftrag mit all seiner Problematik nutzen, um Bedingungen zu schaffen, die eine ursächliche Arbeit an den inneren Nöten möglich machen und dadurch zu einem nachhaltigen Erfolg führen können (Eidenschink 2005b, S. 47f und 2003, S. 13)

Weiterer Inhalte im Rahmen des Erstgesprächs sollte die Klärung der Rahmenbedingungen wie Termine, Kosten, Ort, Zeitrahmen, Dauer, Frequenz und Vereinbarung sein. Ein Management-Coaching.. sollte nach Ansicht des Autors nicht unter fünf Sitzungen dauern, bestenfalls zehn Sitzungen beinhalten und gegebenenfalls sich sogar als ein längerfristig angelegter Beratungs- und Begleitungsprozess etablieren. Die Sitzungen sollten jeweils mindestens 2 Stunden umfassen und in einem Rhythmus von 3–6 Wochen stattfinden. Es empfiehlt sich eine Management-Coaching-Vereinbarung abzuschließen, in der Regelung zur Vertraulichkeit, zur Absage von Terminen, Abbruchkriterien und Auskunftsrechte festgelegt sind.

Bzgl. der vertikalen Dimension eines Management-Coaching..-Prozesses gilt es festzuhalten, dass sich der Klient im Prozessschritt Kontakt/Kontrakt aller Wahrscheinlichkeit nach in der Klischee- und Rollenspielphase befindet. Dem narzisstischen Klienten geht es meist darum, dass Klischee und insbesondere die Rolle mit ihren Spielchen aufrechtzuerhalten, wiederherzustellen oder zu perfektionieren. Für Klient und Coach geht es in dieser Phase auch um Downloading, um das Runterladen. Muster der Vergangenheit wiederholen sich – die Welt wird mit den Augen des gewohnheitsmäßigen Denkens, das aus dem Wissen aus der Vergangenheit gespeist ist, betrachtet (Scharmer 2007 S. 66).

Die nachfolgende ▶ Tab. 4.2 fasst die wesentlichen strategischen und taktischen Überlegungen zum Prozessschritt Kontrakt eines Management-Coachings.. nochmals zusammen. Dabei werden in der Rubrik Strategie eher Haltungen, Überlegungen, Maßnahmen und Interventionen genannt, die den gesamten Coaching-Prozess und seine angestrebte Wirkung im Auge haben. Unter der Rubrik Taktik geht es mehr um Haltungen und Interventionen auf der Ebene der einzelnen Sitzung. Unter der Rubrik Anmerkungen werden ergänzende Hinweise gegeben.

Schon hier sei betont, dass sich dieses Manual in einer ständigen Fortentwicklung befindet.

Situationsanalyse

Der *zweite Prozessschritt – der Situationsanalyse* – kann in die *Analyse* (Rollenspielphase/Seeing/Sensing/Impasse) und den *Ablaufplan* (Implosion/Presencing) unterteilt werden.

Ziel dieses zweiten Prozessschrittes ist das gemeinsame Reflektieren von Klient und Management-Coach der gegenwärtigen persönlichen und beruflichen Situation, mit dem Ziel eines vertieften Verständnisses und der Möglichkeit der Ableitung von Handlungsoptionen zur Erreichung der anvisierten Ziele. Gerade die mit dem Coaching verbundenen Ziele erfahren hier oft eine Re-Definition bzw. eine Verfeinerung.

Tab. 4.2 Manual eines Management-Coachings.. – Prozessschritt Kontakt/Kontrakt. (Aus Schneck 2013, © 2012 EHP - Verlag Andreas Kohlhage. Abdruck mit freundlicher Genehmigung durch den Verlag. All Rights reserved. This includes reproduction and transmissions in any form or by any means without permission in writing from the publisher.)

Prozessschritt/ horizontale Dimension		Strategie	Taktik	Anmerkungen/ vertikale Dimension
Kontakt/ Kontrakt	Anfrage	Eindeutiger Arbeitsauftrag mit realistischen Zielen, ggf. Auftrag ablehnen und Organisation im Umgang mit der Führungskraft unterstützen (Beratung).	Vertrauen des Klienten gewinnen. Den Prinzipien Loyalität, Transparenz und Vertraulichkeit besondere Aufmerksamkeit schenken.	Wenn möglich Hinweis auf Berücksichtigung narzisstischer Phänomene geben.
	Erstgespräch	Aufbau einer vertrauensvollen Arbeitsbeziehung. Konkretisierung des Themas und der Ziele.	Aufbau einer Idealisierung milderer Art (narzisstische Fruchtblase, in der sich etwas entwickeln kann, Spiegelübertragung, idealisierende Übertragung). Beginn des Aufbaus einer vertrauensvollen Arbeitsbeziehung. Empathie und Responsivität des Management-Coach sind entscheidende Faktoren.	Einverständnis über Vorgehen, Regeln, Grenzen und Tabus erzielen! Achten auf erste Hinweise auf das „Thema hinter dem Thema". Klischee- und Rollenspielphase beachten! Downloading – Muster der Vergangenheit wiederholen sich.

In diesem Prozessschritt des Management-Coachings.. ist es von besonderer Bedeutung, dass der Management-Coach den Klienten annimmt, so wie er ist. Es geht darum, die Vertrauensbasis zwischen Klient und Management-Coach kontinuierlich aufzubauen und zu vertiefen. Letztlich geht es auf der Beziehungsebene zwischen Coach und Klient darum, dem Klienten eine neue Beziehungserfahrung zu ermöglichen.

Im Rahmen der *Analyse* sollte eine vertiefte Klärung und Bewusstmachung der Situation des Klienten (Rollenspielphase) erreicht werden. Durch behutsame Rückmeldungen des Management-Coaches von Übertragungs- und Gegenübertragungsphänomenen sowie von Entwertungen und Idealisierungen des Coaches durch den Klienten kann der Klient seine eigenen Wahrnehmungs-, Bewertungs- und Handlungsmuster kennenlernen (Seeing). Diese Entwertungen, die meist auf projektiven Inhalte beruhen, müssen vorsichtig angesprochen und dadurch begrenzt werden. In dieser Phase ist es wichtig, dass sich der Coach seiner eigenen Gegenübertragungsgefühle bewusst ist, ohne diese gleich zurückzuspiegeln. Häufig ist es notwendig, diese Gegenübertragungsgefühle wahrzunehmen und sie zunächst wie in einem Container bei sich zu behalten. Erst wenn es der Prozess, d. h. die Stabilität der Beziehung es erlaubt, können diese Gegenübertragungsphänomene thematisiert werden. Eine häufig auftretende Gegenübertragung bei Klienten mit narzisstischem Hintergrund beim Management-Coach ist das Gefühl besonders gut sein zu müssen und besonders schnell zu einer erfolgreichen Lösung kommen zu müssen. Es ist wichtig, diese Gegenübertragung zunächst bei sich wahrzunehmen und zu halten und nicht

4.3 · Der Prozess eines Management-Coachings..

auszuagieren. Dies bedeutet, dass der Management-Coach in dieser Phase des Prozesses über viel Erfahrung, Geduld aber auch eine gewisse Frustrationstoleranz verfügen muss (Giernalczyk und Lohmer 2012, S. 14).

In dieser Phase des Management-Coachings kann es sinnvoll sein, ein Fragebogen zur Persönlichkeit, wie z. B. den Big Five durchzuführen. Damit können unkompliziert erste reflexive Prozesse beim Klienten eingeleitet werden und der Management-Coach erhält einige erste wichtige Informationen zur Persönlichkeit des Klienten. Nach der Erfahrung des Autors bietet es sich auch an, ganz explizit ein Stück biografische Arbeit einzuflechten. Hier lädt er den Klienten häufig ein, ihm etwas über seine Familiengeschichte zu erzählen. Sehr dankbar sind hierbei Angaben um die Zeit der Geburt herum. Denn es darf keinesfalls vergessen werden, dass narzisstische Persönlichkeitsdispositionen zu den frühen Störungen zählen und daher gerade der Zeitraum um und nach der Geburt sehr prägend waren. Fragen des Autors richten sich nach der familiären Situation zum Zeitpunkt der Geburt, nach der ökonomischen Situation, der Berufstätigkeit von Mutter und Vater, sonstige besondere Vorkommnisse wie Umzüge oder Brüche, der Geschwisterkonstellation etc. Diese Informationen vermitteln einerseits eine Idee davon, in welche Welt der Klient hineingeboren wurde und liefern erste diagnostische Anhaltspunkte. Sie fördern aber auch das Verständnis und die Resonanzfähigkeit des Management-Coaches, was wiederum ausschlaggebend für den weiteren Coachingprozess ist. Ferner entwickelt der Klient (wieder) eine Verbindung zu seiner Geschichte und zu seinem Geworden-Sein. Diese biografische Arbeit erweist sich meist als sehr wertvoll und stellt im weiteren Prozess einen immer wieder wichtigen Anknüpfungspunkt dar, obwohl dafür zunächst meist nicht länger als eine Sitzung benötigt wird.

Diese biografische Arbeit ist auch ein wichtiger erster Teil des beschriebenen Prozesses der Vertiefung. Der Prozess der *Vertiefung* muss vorsichtig gestaltet sein, d. h. der Management-Coach ist ständig gefordert zu überprüfen, wie belastbar die sich langsam etablierende Beziehung zwischen Coach und Klient ist. Die Beziehung muss vom Klienten als wohlwollend und bestätigend erlebt werden. Oberstes Ziel in dieser Phase ist es, die Beziehung nicht zu gefährden. Dabei kommt der responsiven Haltung des Management-Coaches eine besondere Bedeutung zu.

Gleichzeitig ist der Klient immer wieder mit seinen Wahrnehmungs- und Verhaltensmustern in Kontakt zu bringen und gegebenenfalls auch damit zu konfrontieren (Seeing und Sensing). Die wesentliche Herausforderung besteht darin, einerseits genügend in den Beziehungsaufbau zu investieren, andererseits aber auch nicht zu lange damit zu warten, auf die Folgen von destruktiven narzisstischen Verhaltensweisen für die eigene Person, das Unternehmen und seine Umwelt hinzuweisen. Ferner sollte der Klient in dieser Phase den Eindruck bekommen, dass es für ihn Alternativen gibt, die er für sich entwickeln kann (Eidenschink 2003, S. 15, 2005b, S. 48 spricht in dieser Phase von einem Tanz auf des Messers Schneide).

Eidenschink (2003, S. 15) hat zur Verbesserung der Selbstwahrnehmung die besten Erfahrungen damit gemacht, die Reinszenierung des Missbrauchs – im Sinne von emotionaler Ausbeutung – zu thematisieren. Es gehe darum, dass dem Klienten klar wird, dass er sich mit seinen Begabungen auch vom Unternehmen für bestimmte Zwecke benutzen lässt und welchen Preis er dafür bezahlt. Dadurch könnte eine neue Sensibilität zu wachsen beginnen. Ein weiterer Weg liegt für ihn im behutsamen Ankoppeln an die abgewehrten Gefühle von Überforderung, Einsamkeit und Leere.

In dieser Analysephase tritt im gelingenden Fall das „Thema hinter dem Thema" immer deutlicher in Erscheinung. Es gilt in dieser Phase der Analyse auf der individuellen Ebene auch die konstruktiven Aspekte narzisstischer Erlebnisweisen herauszuarbeiten und in ihrem Wert anzuerkennen. Zu diesen konstruktiven Aspekten gehören die Fähigkeiten, Komplexität angemessen zu reduzieren, Visionen zu entwickeln und eine Identifikation der Mitarbeiter mit Veränderungsprozessen zu generieren.

Vertiefung bedeutet auch eine zunehmende Bewusstheit über narzisstische Phänomene auf allen Ebenen, die im gelingenden Fall aber bei der individuellen Ebene beginnt. In der ▶ Abb. 4.8 zum Prozess der Vertiefung wurde deutlich, dass diese Vertiefung in mehreren behutsamen Schritten erfolgen muss. Der Prozess der Vertiefung beinhaltet aber auch eine Vertiefung von der individuellen auf die interaktionelle, die organisationale und die gesellschaftliche Ebene. Je mehr das Bewusstsein des Klienten für narzisstische Phänomene zunimmt, desto eher gelingt es, diese narzisstischen Phänomene auch auf den höheren Ebenen wahrzunehmen und zu thematisieren. Je nachdem, welches Anliegen der Klient in die jeweilige Coaching-Sitzung mitbringt, besteht die Möglichkeit, auf narzisstische Phänomene innerhalb seines Teams, der Organisation, aber auch auf der gesellschaftlichen Ebene hinzuweisen. Sehr gewinnbringend erlebt der Autor Fragen nach der Unternehmenskultur oder Aufforderungen zur Zeichnung der Organisationstruktur.

Auf der interaktionellen Ebene gilt es, den Klienten bei der Wahrnehmung narzisstischer Kollusionen in der Führungssituation zu unterstützen und gegebenenfalls auf regressive Prozesse innerhalb seines Teams hinzuweisen.

Im Prozessschritt der Analyse wird kontinuierlich der Versuch unternommen, bisher unbewusste Werthaltungen, Einstellungen, Verhaltensweisen und Entscheidungen bewusst zu machen. Es sollte geklärt werden, inwiefern narzisstische Phänomene sich in der Strategie, der Struktur und der Kultur niedergeschlagen und verfestigt haben und welche Wirkung diese auf die Organisation und den Klienten haben. Hier kann ein erfahrener Management-Coach wertvolle Hinweise für eine nachhaltige Strategie, für ein ausgewogenes Risikomanagement, für moderne Organisationsstrukturen oder für Kultur fördernde Verhaltensweisen geben. Auch in Hinblick auf die Prozesse kann ein erfahrener Coach – je nach Anliegen des Klienten – Impulse für Veränderungen geben. Die Hinweise und Impulse auf höheren Ebenen gewinnen jedoch häufig erst in der anschließenden Phase der Begleitung und Umsetzung an Relevanz.

Aus einer verbesserten Wahrnehmung (Seeing) und dem Verstehen der eigenen Person, ihrer Einstellungen, Werte und Verhaltensweisen (Sensing), ändert sich auch die Realitätswahrnehmung für das Umfeld. Für Scharmer beinhaltet das Hinschauen auch ein Loslassen der mitgebrachten Urteile, damit man die Realität mit einem frischen Blick betrachten kann. Unter Hinspüren versteht er ein Verbinden und eintauchen mit dem Feld, um die Situation aus dem Ganzen heraus wahrzunehmen (Scharmer 2007 S. 66).

Dieser Prozess der Vertiefung der (Selbst)Reflexion vor dem Hintergrund der Organisation kann sehr gut durch das psychodynamische Management-Modell dargestellt werden. In der ▶ Abb. 4.9 wird deutlich, dass diese Vertiefung in vorsichtigen einzelnen Schritten erfolgt und verweist damit wiederum auf die Tatsache, dass die Schritte der Analyse und der Begleitung in einem Management-Coaching.. mehrfach bzw. häufig durchlaufen werden müssen.

Natürlich treten in dieser Phase des Management-Coachings Ängste beim Klienten auf (Impasse), wie es in fast allen menschlichen Veränderungsprozessen zu beobachten ist. Für Staemmler und Bock (1991, S. 86) basiert die Empfindung solcher Angst auf dem Aufsteigen einer Erregung auf der einen Seite und dem Versuch, eben diese Erregung unter Kontrolle zu halten, auf der anderen Seite. Diese Tatsache bringt Perls in dem obigen Zitat mit dem Begriff „Erregung" einerseits und den Adjektiven „steckengeblieben" und „unterdrückt" andererseits zum Ausdruck. Das Erleben von Angst setzt für Staemmler und Bock voraus, dass ein Mensch einen Impuls mobilisiert und gleichzeitig eben diesen Impuls kontrolliert. Jeder kennt von sich den Widerspruch: „Ich würde gern, aber ich trau mich nicht". So mag es auch dem Klienten in dieser Phase gehen, er würde gerne anders, aber er traut sich (noch) nicht. Diese Angst ist ein Zeichen einer ganz allmählichen Auflösung der Rollenspiele, die natürlich mit erheblicher (Existenz)Angst verbunden ist, da gerade diese Rollenspiele seine Existenzberechtigung (in seiner Ursprungsfamilie) sicherstellten. Es ist daher auch verständlich, dass nach dieser

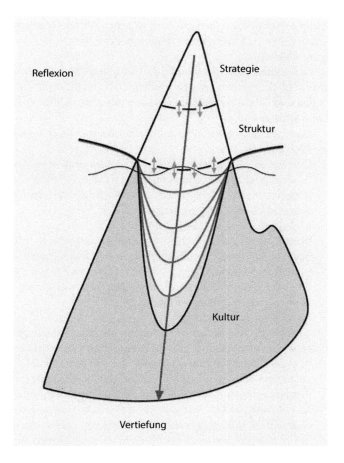

Abb. 4.9 Die Vertiefung der Reflexion des Klienten vor dem Hintergrund eines psychodynamischen Management-Modells. (Aus Schneck 2013, © 2012 EHP - Verlag Andreas Kohlhage. Abdruck mit freundlicher Genehmigung durch den Verlag. All Rights reserved. This includes reproduction and transmissions in any form or by any means without permission in writing from the publisher.)

Auflösung der Rollenspiele sich eine Phase der Leere, des Engpasses und des „Nichts" anschließt (Impasse, Loslassen).

Der Autor hält diese Phase der Analyse, die eigentlich in jeder Sitzung des Management-Coaching-Prozesses wieder durchlaufen wird, für die eigentlich wichtigste und zentralste Phase. In dieser Phase wird die Wahrnehmung erweitert, was die grundlegende Voraussetzung für Veränderung ist. Und diese Wahrnehmung kann oft schmerzvoll sein.

Im Prozessschritt des *Ablaufplans* geht es um einen Realitätscheck, um die Entwicklung und die Auswahl möglicher Optionen und um die Festlegung des Vorgehens. Aufgabe ist es, ein Problembewusstsein zu schaffen, wo für den Betroffenen bislang keines zu spüren war. Dazu muss nach Ansicht von Eidenschink (2005b, S. 48f) der Management-Coach einerseits eine vertrauensvolle Beziehung mit dem Klienten aufbauen, andererseits daran arbeiten, dass der Klient Bewusstheit darüber entwickelt, wie problematisch er sich verhält. Ferner muss der Klient eine Zuversicht bekommen, dass es Alternativen gibt, die er für sich erarbeiten kann. Eine Balance auf diesem schmalen Grat zwischen dem Erhalt eines guten Kontakts und dem Erarbeiten eines echten Problembewusstseins ist für Eidenschink schwer zu finden und zu halten. Dies geht seiner Ansicht nach nur, wenn es dem Management-Coach durch sein ganzes Wesen gelingt, dem Klienten zu vermitteln, dass er auch ohne besondere Leistung jemand ist, den man als Person schätzen und gern haben kann. Eidenschink hält dies für den entscheidenden

Erfolgsfaktor in der Arbeit mit narzisstischen Nöten. Ohne eine derartige innere Haltung, die jenseits aller Techniken und Werkzeuge liegt, wird seiner Ansicht nach kein echter Auftrag Zustandekommen.

Den echten Auftrag erkennt man laut Eidenschink daran, dass der Klient sich eingestehen kann, dass er erstens ein ernstes Problem hat (und dies schon seit langem), zweitens sollte er die Kosten und Folgen dieses Problems nicht mehr bagatellisieren und drittens sollte er konsequent daran arbeiten.

Die eigentliche Arbeit liegt dann in der Bearbeitung folgender Thematiken:
- *Ich bin das Problem.*
  „Narzissten" neigen dazu, alles Schwache zur Entlastung der eigenen Psyche nach außen zu projizieren. Es gilt, diese Projektion wieder zurückzuholen und als Aspekte der eigenen Person (wieder) zu integrieren. Dieser Prozess kann schmerzhaft sein und erfordert viel Halt und Wertschätzung durch den Coach.
- *Ich lerne den anderen zu verstehen.*
  Menschen mit narzisstischen Nöten haben Empathie in ihrem Leben nicht oder nur unzulänglich bekommen. Sie müssen diese Fähigkeit im Coaching neu erlernen. Es ist für Eidenschink ein qualitativer Sprung im Coaching, wenn „Narzissten" begreifen, dass sie ihre Weiterentwicklung daran messen können, wie sehr sie andere Menschen verstehen können, anstatt sie abzuwerten.
- *Ich lerne mich zu verstehen.*
  Gleichzeitig geht es darum, dass narzisstisch beeinträchtigte Menschen die Fähigkeit entwickeln, verständnisvoll und liebevoll mit sich selbst umzugehen. Eine der bewegendsten Situationen an dieser Stelle ist für Eidenschink, mitzuerleben, wie Manager anfangen wahrzunehmen, wie viel Positives und Wärme ihnen entgegengebracht wird. Sie nehmen Sympathie wahr und fangen an, anderen Menschen zu vertrauen.
- *Ich reduziere die Kontrolle und die Manipulation von anderen.*
  „Narzissten" wollen, dass sich alles nach ihnen richtet. Im Alltag macht sich dies durch herrisches Verhalten und Bestehen auf Vorzugsbehandlung deutlich, was auch im Coaching zum Problem werden kann. Es geht darum, dass der Klient die Auswirkungen dieses Verhalten für sich selbst und zu anderen erkennt (Eidenschink 2005b, S. 49).

Für Staemmler und Bock (1991, S. 92f.) strukturieren sich in dieser Phase (Implosion) die Handlungen der Klienten auf eine neue Art. Seine kognitiven Handlungen (Gedanken und Phantasien etc.) laufen zunehmend auf eine bestimmte Vorstellung zu, seine emotionalen Empfindungen verdichten sich dieser Vorstellung entsprechend. Allerdings betonen sie auch, dass diese Phase mit viel Schmerz verbunden sein kann. Sie sind der Ansicht, dass das Erleben dieses Schmerzes eine unabdingbare Dimension menschlichen Lebens ist. Dieses Schmerzerleben ermöglicht ihrer Ansicht nach, die tief durch die Sozialisation verwurzelte Trennung von Körper und Geist, von Fühlen und Denken, von Erfahrung und kontrollierendem Ich aufzugeben. Für Scharmer (2007 S. 66) geht es in dieser Phase um ein Anwesend werden, um ein Verbinden mit dem inneren Ort der Stille, von dem aus die im Entstehen begriffene Zukunft wahrnehmbar werden kann (Presencing). Presencing ist ein Kunstwort, das sich im deutschen am besten mit „Gewahr Werden" oder „Anwesend Werden" übersetzen lässt.

Bei einem Management-Coaching.. muss in dieser Phase bedacht werden, inwieweit ein solches Management-Coaching in einen umfassenderen Prozess organisationaler Veränderungen eingebettet ist bzw. durch die Begrenzungen der Organisation oder auch der Gesellschaft in seiner Wirkung beschränkt wird.

Durch den Prozess der Erhöhung der Bewusstheit auf allen relevanten Ebenen ergeben sich neue Perspektiven auf die Realität, die wiederum die Basis für neue Verhaltens- und Handlungsoptionen aber auch ganz neue Entscheidungsoptionen im organisationalen und betriebswirtschaftlichen Sinne darstellen. Ziel muss es sein, außer einer Entwicklung der Persönlichkeit des Klienten auch die Überlebensfähigkeit der Organisation durch das berufliche Wirken des Klienten, die Rolle, zu erhöhen. Dabei ist die Erhöhung der Überlebensfähigkeit der Organisation das zentrale Kriterium für eine erfolgreiche Unternehmensentwicklung. An dieser Stelle im Management-Coaching-Prozess können auch Beratungsformate außerhalb des Einzel-Coachings relevant werden. Es können Strategieentwicklungen stattfinden, Maßnahmen der Kulturentwicklung durchgeführt werden oder Team-Coachings stattfinden etc.[5]

Den Abschluss dieser Phase des Coaching-Prozesses bildet die gemeinsame Entwicklung eines gemeinsamen Vorgehens und der Maßnahmen zur Erreichung der Coaching-Ziele. Die nachfolgende ▶ Tab. 4.3 fasst die wesentlichen strategischen und taktischen Überlegungen zum Prozessschritt Situationsanalyse eines Management-Coaching.. zusammen.

Begleitung

Inhalt des *dritten Prozessschrittes – der Begleitung –* ist die *Umsetzung* der Interventionen und der Maßnahmen (Crystallizing/Explosion/Prototyping/Aufarbeitungsphase) sowie das *Feedback* (verhaltensmodifizierende Schlussphase/Performing).

Im Fortlauf der Management-Coaching..-Sitzungen kommt es zu einer Erhöhung der Bewusstheit über das eingebrachte Thema und die damit gegebenenfalls verbundenen narzisstischen Phänomene auf den höheren Ebenen. Aus dieser erhöhten Bewusstheit ergeben sich neue Beurteilungs-, Entscheidungs- und Verhaltensmöglichkeiten. Diese neue Beurteilungs-, Entscheidungs- und Verhaltensmöglichkeiten (Seeing und Sensing) führen zu ganz bewusst gewählten *neuen Entscheidungen, Interventionen* und *Maßnahmen* (Presencing), die zwischen den Management-Coaching-Sitzungen *umgesetzt* werden und zu individuellem, interaktionellem und organisationalem Wandel führen. In der darauf folgenden Management-Coaching-Sitzung werden die Entscheidungen, Interventionen und Maßnahmen gemeinsam vom Management-Coach und dem Klienten evaluiert. Durch dieses Vorgehen soll ein kontinuierlicher Prozess der Veränderung auf der oder den jeweils involvierten Ebenen sichergestellt werden. Darüber hinaus wird ein kontinuierlicher Prozess der Reflexion der Veränderungen des Klienten bzw. der durch den Klienten herbeigeführten Veränderungen etabliert.[6] Für Scharmer (2007, S. 67) geht es in dieser Phase des „crystallizing" um ein Verdichten und Kristallisieren der Vision und Intention, die aus der Verbindung zu diesem tieferen Quellort (Presencing) entstanden ist.

Die getroffenen neuen *Entscheidungen, Interventionen* und *Maßnahmen* können alle involvierten Ebenen betreffen und werden durch das eingebrachte Thema in den jeweiligen Sitzungen aber auch durch das „Thema hinter dem Thema" mitbestimmt. Diese Themen können bis hin zu Betriebsschließungen oder Kündigungen reichen und haben oft entscheidende Auswirkungen auf das Unternehmen des Klienten. In der Phase der *Umsetzung* im Rahmen eines Management-Coachings.. spielen die Widerstände sowohl beim Klienten als auch in seinem Umfeld eine entscheidende Rolle. Hierbei ist es besonders wichtig, dass der Klient durch die Unterstützung des

---

Zur Verbindung von Management-Coaching und anderen Formaten der Unternehmensentwicklung erarbeitet Ulrich Lenz unter dem Begriff ‚integratives Coaching' interessante erste Überlegungen. (Vgl. Lenz 2016)

Zum Single Loop, Double Loop und Deutero Lernen vgl. Greif (2008, S. 43ff). Der Manager lernt ein Problem zu lösen – Der Manager reflektiert sein Lernen – Der Manager reflektiert sein Reflektieren.

Tab. 4.3 Manual eines Management-Coachings.. – Prozessschritt Situationsanalyse. (Aus Schneck 2013, © 2012 EHP - Verlag Andreas Kohlhage. Abdruck mit freundlicher Genehmigung durch den Verlag. All Rights reserved. This includes reproduction and transmissions in any form or by any means without permission in writing from the publisher.)

Prozessschritt/ horizontale Dimension		Strategie	Taktik	Anmerkungen/vertikale Dimension
Situationsanalyse	Analyse	Verstärkung der vertrauensvollen Arbeitsbeziehung (Erzeugung von Resonanz durch eine responsive Haltung – Spiegelung). Vorsichtiges Wiederentdecken der Selbstwahrnehmung des Klienten (Wahrnehmungs-, Bewertungs- und Handlungsmuster). Arbeit auf zwei Ebenen, der Beziehung und der Thematik! Undogmatisches Oszillieren zwischen Inhalt und Prozess, zwischen dem vom Klienten eingebrachten Thema (Vordergrund) und dem Umfeld (Hintergrund) dieses Themas. Dem Klienten eine neue Beziehungserfahrung ermöglichen. Erste Verbindung zwischen Person, Führungssituation, Team und Organisation aufzeigen.	Den Klienten annehmen, so wie er ist! Die Beziehung muss vom Klienten als wohlwollend und bestätigend erlebt werden. Vorsichtig auf blinde Flecke und empfindliche Stellen hinweisen (z. B. auf Reinszenierung des Missbrauchs). Erstes behutsames Rückmelden des Management-Coaches von Übertragungs- und Gegenübertragungsphänomenen sowie von Entwertungen und Idealisierungen des Management-Coaches durch den Klienten. Eine freundliche Beschreibung der Dynamik führt zur Begrenzung. Auf Entwertungen achten und benennen. Wechsel aus der Rolle des Begleiters in die Rolle des Beraters (Komplementärberatung).	Oberstes Ziel: die Beziehung stärken und nicht gefährden! Erste Hinweise auf das Ausmaß narzisstischer Phänomene auf der jeweiligen Ebene (individuell, Führungssituation, Team, Organisation) beachten. Weiter auf Gegenübertragungsphänomene achten. Erweiterte Suche nach dem Thema hinter dem Thema. Seeing und Sensing. Biografiearbeit. Impasse, Stützung in Momenten der Angst und der Unsicherheit. Verständnisvolle Begleitung bei der Wiederentdeckung schmerzhafter Erlebnisse.

4.3 · Der Prozess eines Management-Coachings..

Tab. 4.3 Fortsetzung

Prozessschritt/ horizontale Dimension	Strategie	Taktik	Anmerkungen/vertikale Dimension
Ablaufplan/ Entwicklung von Optionen	Stärkung der Realitätswahrnehmung der eigenen Person, aber auch der Unternehmung und der Umwelt. Auf die Folgen von destruktiven narzisstischen Verhaltensweisen für die eigene Person, das Unternehmen und seine Umwelt hinweisen. Gleichzeitig aber auch die konstruktiven Aspekte narzisstischer Erlebens- und Verhaltensweisen herausarbeiten. Auswahl möglicher Optionen und erste Festlegung des Vorgehens – reines Management-Coaching oder Verbindung zu einem (größeren) organisationalen Veränderungsprozess? Planung des weiteren Vorgehens.	Bearbeitung von Themen auf der individuellen Ebene, wie: – Ich bin das Problem. – Ich lerne den anderen zu verstehen. – Ich lerne mich zu verstehen. – Ich reduziere die Kontrolle und die Manipulation von anderen. Auf narzisstische Kollusionen in der Führungssituation und ggf. auf regressive Prozesse innerhalb des Teams hinweisen. Die Wahrnehmung narzisstischer Phänomene in der Strategie, Struktur, Kultur anregen. Die wirtschaftlichen Rahmenbedingungen thematisieren und ggf. die Metapher der narzisstischen Kollusion auf gesellschaftlicher Ebene ansprechen.	Die Stabilität der Beziehung erhöhen und vorsichtiges prüfen, inwiefern auch erste Konfrontationen möglich sind. Kritik und die Aufforderung zu veränderten Perspektiven ist jedoch auf der Basis einer wertschätzenden Bestätigung der Person möglich. Beziehung daher nicht durch Überbelastung gefährden. Kränkungen vermeiden. Eine authentische Begegnung gestalten. Implosion, erste neue Gedanken oder Rollenmodelle von Seiten des Klienten aufgreifen. Presencing, den Prozess der sich abzeichnenden neuen Zukunft unterstützen.

Management-Coaches einen konstruktiven Umgang mit seinen eigenen Widerständen und jenen in seinem Umfeld erlernt. Widerstand kann als ein Schutz vor Überforderung oder unsinnigen Veränderungen verstanden werden und ist eine wichtige Informationsquelle für versteckte Botschaften der wahren Bedürfnisse der Beteiligten und ihrer Organisation (zu einem konstruktiven Umgang mit Widerständen beachte insbesondere Doppler und Lauterburg 2008, S. 336ff und Schneck 1989).

Der Management-Coach begleitet den Klienten bei seinem individuellen Veränderungsprozess und unterstützt ihn beim Transfer der Veränderungen in seine Organisation. Gerade beim Transfer sind bei einem Management-Coaching.. alle Ebenen zu berücksichtigen. Um die Möglichkeiten und Grenzen des Transfers durch den Klienten in die Organisation realistisch einschätzen zu können, sollte der Management-Coach über ausreichende betriebswirtschaftliche Qualifikationen, umfassende Managementerfahrung insbesondere im Change-Management und über hinreichende Kenntnisse über die wirtschaftlichen Rahmenbedingungen verfügen.

Für Staemmler und Bock (1991, S. 94) liefert die in der vorherigen Phase der Implosion erworbene Einheitlichkeit eines Menschen die Grundlage für das einheitliche Erleben der ihr folgenden Phase, die ihr Gegenteil darstellt und daher oft mit Geburt oder Wiedergeburt assoziiert wird. Der einheitlichen kontraktiven Gestaltqualität folgt nun ihr Gegenteil, ein einheitliches Sich-Ausdehnen der Person, das sich wiederum in kognitiven, emotionalen und motorischen Handlungen zeigt. Sie nennen sie daher auch Expansion. Perls bezeichnete sie als Explosion.

Für Scharmer (2007, S. 67) geht es in dieser Phase um das Erproben des Neuen (Prototyping), in denen die Zukunft durch praktisches Tun gemeinsam erkundet und entwickelt wird. Es geht auch darum, das Neue z. B. durch Infrastrukturen und Alltagspraktiken in eine Form zu bringen (Peforming).

Im Prozessschritt des *Feedbacks* muss berücksichtigt werden, dass Führungskräfte, die mehr aus dem narzisstischen Formenkreis kommen, nicht so leicht mit Kritik umgehen können. Es erfordert daher vom Management-Coach viel diagnostische Kompetenz, viel Prozessgespür und viel Empathie, um den Klienten gerade die konfrontative Rückmeldung zu geben, die er konstruktiv in seinen Prozess der Persönlichkeits- und Unternehmensentwicklung integrieren kann.

In dieser Phase spielt die eventuell gelungene neue Beziehungserfahrung des Klienten mit dem Management-Coach die zentrale Rolle. Durch diese neue Beziehungserfahrung und durch das Feedback können beim Klienten auch neue Themen, ungeahnte Entwicklungen aber auch Hemmnisse und Widerstände sichtbar werden. Dadurch kann es notwendig sein, wieder in die Analysephase zurückzugehen.

Die nachfolgende ▶ Tab. 4.4 fasst die wesentlichen strategischen und taktischen Überlegungen zum Prozessschritt Begleitung eines Management-Coachings.. nochmals zusammen.

An dieser Stelle sei nochmals ganz deutlich darauf hingewiesen, dass in einem Management-Coaching.. die Phasen der Analyse und der Begleitung mehrfach durchlaufen werden. Gerade durch dieses mehrfache Durchlaufen dieser Prozessschritte findet einerseits überhaupt erst eine Vertiefung der Reflexion über narzisstische Phänomene auf allen relevanten Ebenen statt. Andererseits ist diese Vertiefung der Reflexion verbunden mit neuen Beurteilungs-, Entscheidungs- und Verhaltensmöglichkeiten, die wiederum Ausgangspunkt für Veränderungen auf der individuellen, der interaktionellen und der organisationalen Ebene sind.

Im Rahmen eines Management-Coachings.. sind zudem nicht nur die einzelnen Prozessschritte im Coaching zu beachten, sondern es ist zu bedenken, dass sich der Klient in einem persönlichen Lern- und Veränderungsprozess befindet und dass ein kontinuierlicher Veränderungsprozess in seinem Unternehmen besteht, der durch das Management-Coaching beeinflusst wird.

In einem Management-Coaching.. ist es daher die Aufgabe des Management-Coaches, sich ständig zu vergegenwärtigen, in welcher Phase sich der Klient in seinem persönlichen Lern- und Veränderungsprozess und in welcher Phase sich die Unternehmung in ihrem kontinuierlichen Veränderungsprozess befindet. Im gelingenden Fall sind diese beiden Prozesse miteinander verbunden. In einem kontinuierlichen Prozess der persönlichen Entwicklung und der Unternehmensentwicklung reihen sich systemische Veränderungsschleifen aneinander, sodass sich daraus eine Spirale von persönlichen und organisationalen Veränderungen ergibt, wie es die nachfolgende ▶ Abb. 4.10 verdeutlicht. Ein vergleichbares Modell eines systemischen Veränderungsprozesses findet sich auch bei Königswieser und Exner (1998, S. 30) in ihren systemischen Interventionen.

4.3 · Der Prozess eines Management-Coachings..

Tab. 4.4 Manual eines Management-Coachings.. – Prozessschritt Begleitung. (Aus Schneck 2013, © 2012 EHP - Verlag Andreas Kohlhage. Abdruck mit freundlicher Genehmigung durch den Verlag. All Rights reserved. This includes reproduction and transmissions in any form or by any means without permission in writing from the publisher.)

Prozessschritt/ horizontale Dimension		Strategie	Taktik	Anmerkungen/vertikale Dimension
Begleitung	Umsetzung	Kontinuierliche Entwicklung der Person, des direkten Umfeldes und der Organisation, soweit dies im Beeinflussungsbereich des Klienten liegt. Entscheidung und Festlegung von Interventionen und Maßnahmen. Umsetzung und dadurch Veränderung in kleinen Schritten – aber durchaus mit individuellen, interaktionellen und organisatorischen Sprüngen (evolutionär).	Aufgreifen des jeweiligen Themas und Verortung auf der relevanten Ebene (Klient, Team, Organisation). Überprüfung des Themas auf mögliche narzisstische Phänomene. Herausarbeiten der Interdependenzen des Themas auf den verschiedenen Ebenen. Bewusstmachung bisher unbewusster Werthaltungen, Einstellungen und Verhaltensweisen. Kontinuierliche Deutung von Übertragungsmustern und Abwehrmechanismen. Dadurch entstehen neue Entscheidungen, Interventionen und Maßnahmen.	Neue Beziehungserfahrung des Klienten mit dem Management-Coach ist Ausgangspunkt für alle weiteren durch den Klienten initiierten Veränderungen auf den höheren Ebenen (interaktionell, organisatorisch). Veränderung von Werthaltungen, Einstellungen und Verhaltensweisen durch empathische und responsive Begleitung und Unterstützung des Klienten durch den Coach. Aufarbeitungsphase, die erweiterte Identität durch Verhalten integrieren. Crystallizing oder verdichten der Möglichkeiten für die Zukunft. Prototyping, die Zukunft durch tun erproben.
	Feedback	Einbettung des Coachings in einen kontinuierlichen Prozess der Unternehmensevolution. Reflexion des individuellen, interaktionellen und organisatorischen Veränderungsprozesses. Reflexion über die Reflexion. Performing, Veränderungen werden zur Alltags- und Gegenwartspraxis. Ein ständiger Verfeinerungsprozess erhöht die Qualität des Endergebnisses.	Überprüfung und Evaluierung der umgesetzten Maßnahmen. Überprüfung des Designs einer kontinuierlichen Unternehmensentwicklung. Eventuell das private Umfeld des Klienten ebenfalls zum Thema machen. Erfolge feststellen und würdigen. Misserfolge als Lernchance anerkennen.	Auf eine kontinuierliche Persönlichkeitsentwicklung und Unternehmensentwicklung achten. Kritikfähigkeit der Führungskraft beachten. Belastbarkeit der Beziehung beachten und ggf. weiter stärken. Verhaltensmodifizierende Schlussphase, die erweiterte Identität im Verhalten weiter erproben und dabei festigen.

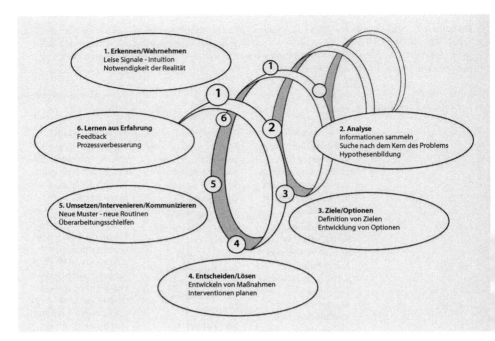

◘ Abb. 4.10 Systemische Veränderungsspirale des individuellen, interaktionellen und organisationalen Lern- und Veränderungsprozesses. (Aus Schneck 2013, © 2012 EHP - Verlag Andreas Kohlhage. Abdruck mit freundlicher Genehmigung durch den Verlag. All Rights reserved. This includes reproduction and transmissions in any form or by any means without permission in writing from the publisher.)

Abschluss

Im vierten Prozessschritt – dem Abschluss – finden das *Abschlussgespräch* und die *Evaluation* statt.

Durch das *Abschlussgespräch* wird der Management-Coaching..-Prozess formal abgeschlossen. Es findet ein Rückblick auf die gesetzten Ziele statt und es geht um eine nachhaltige Integration der Veränderungen. Um den Klienten bei der langfristigen Umsetzung seiner gewünschten Entwicklungen zu unterstützen, können auch noch weitere Schritte des Klienten besprochen werden.

Das Abschlussgespräch eines Management-Coachings.. sollte aber auch unbedingt eine Reflexion des Gesamtprozesses und eine Beurteilung und Würdigung der Veränderungen auf der individuellen, interaktionellen und organisationalen Ebene beinhalten. Dazu gehört es auch, dass auch das „Nichterreichte" festgehalten und erörtert wird, warum etwas nicht erreicht werden konnte. Denn so wie man nur aus Fehlern lernen kann, besitzt auch die Anerkennung des Nichterreichten schon den Impuls für die nächste Entwicklung.

Die *Evaluation* des Management-Coaching..-Prozesses kann im Rahmen des Abschlussgespräches erfolgen und den Prozess wie auch die Interaktion darin thematisieren. Durch diese Evaluation erhält der Management-Coach wichtige Anregungen für seine eigene Professionalisierung und kann überprüfen, inwieweit seine Responsivität ausreichend und seine Vorgehensweise sowie seine Interventionsplanung angemessen waren.

Der Management-Coach sollte darüber hinaus auf jeden Fall eine abschließende Reflexion des Management-Coaching..-Prozesses in einer *Supervision* durchführen. Inhalt sollte die Responsivität, die Begegnung zwischen Klient und Coach auf Augenhöhe und die dadurch entstandene

4.3 · Der Prozess eines Management-Coachings..

neue Beziehungserfahrung des Klienten sein. Darüber hinaus können die Auswirkungen des Management-Coachings auf der interaktionellen und der organisatorischen Ebene thematisiert werden, um damit das Format eines Management-Coachings ebenfalls einer kontinuierlichen Fortentwicklung zu unterziehen. Zudem sollte die Qualität des Management-Coaching-Prozesses reflektiert werden, auf die im letzten Punkt kurz eingegangen wird.

Die nachfolgende ▶ Tab. 4.5 fasst die wesentlichen strategischen und taktischen Überlegungen zum Prozessschritt Abschluss eines Management-Coachings.. nochmals zusammen.

Die nachfolgende ▶ Abb. 4.11 stellt abschließend den Prozess eines Management-Coachings unter besonderer Berücksichtigung narzisstischer Phänomene als Initial einer erfolgreichen Unternehmensentwicklung dar. Die ▶ Abb. 4.11 integriert die zentralen Elemente eines Management-Coachings:

- *das psychodynamische Management-Modell*, als kontinuierlicher theoretischer Hintergrund eines Management-Coachings;
- *den kontinuierlichen Prozess der Vertiefung* der Wahrnehmung narzisstischer Phänomene auf allen relevanten Ebenen und damit der Erhöhung des Bewusstseins des Klienten im Rahmen eines Management-Coachings;
- *die systemische Veränderungsspirale von Organisationen*, als Modell für die verschiedenen Phasen einer kontinuierlichen Unternehmensevolution.

Alle drei Elemente gewährleisten, dass ein Management-Coaching unter besonderer Berücksichtigung narzisstischer Phänomene zu einem Initial für eine erfolgreiche Unternehmensentwicklung werden kann. Inwiefern es sogar gelingt, durch ein Management-Coaching oder zumindest begleitend

◘ **Tab. 4.5** Manual eines Management-Coachings.. – Prozessschritt Abschluss. (Aus Schneck 2013, © 2012 EHP - Verlag Andreas Kohlhage. Abdruck mit freundlicher Genehmigung durch den Verlag. All Rights reserved. This includes reproduction and transmissions in any form or by any means without permission in writing from the publisher.)

Prozessschritt/horizontale Dimension		Strategie	Taktik	Anmerkungen/vertikale Dimension
Abschluss	Abschluss-gespräch	Auf eine nachhaltige Integration der Veränderungen achten. Die gesetzten und die erreichten Ziele reflektieren. Eventuell weitere Schritte festlegen.	Auf mögliche Rückfälle und Rückschritte hinweisen und geeignete Maßnahmen besprechen.	Den gemeinsamen Weg, die Beziehung und die Begegnung würdigen.
	Evaluation	Verbesserung der Professionalität des Coaches. Verbesserung der Einbettung des Coachings in einen Prozess der kontinuierlichen Unternehmensevolution.	Evaluation der Responsivität, der Vorgehensweise und der Interventionsplanung des Coaches. Den Prozess der Unternehmensevolution beschreiben und beurteilen.	Die Interaktion thematisieren und die daraus entstandenen Veränderungen feststellen und entsprechend würdigen.

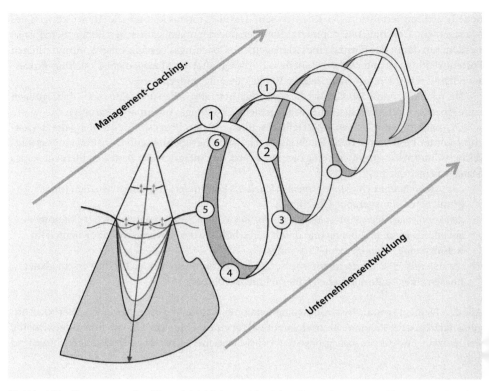

◘ **Abb. 4.11** Management-Coaching.. als Initial einer erfolgreichen Unternehmensentwicklung. (Aus Schneck 2013, © 2012 EHP - Verlag Andreas Kohlhage. Abdruck mit freundlicher Genehmigung durch den Verlag. All Rights reserved. This includes reproduction and transmissions in any form or by any means without permission in writing from the publisher.)

mit einem Management-Coaching eine höhere Ebene der Bewusstheit und ein höheres Paradigma der Organisation zu erreichen, wie sie Laloux beschreibt, kann zum gegenwärtigen Zeitpunkt noch nicht beantwortet werden, bleibt aber eine spannende Frage. In der ► Abb. 4.11 wird dieser mögliche Bewsstseinsprozess durch die Form der Spirale dargestellt, die Clare Graves wie folgt beschreibt:

> Am besten wird dieses Auftauchen menschlicher Systeme, wie sie sich durch verschiedene Ebenen wachsender Komplexität hindurch entwickeln, durch eine wirbelnde Bewegung beschrieben. Jede Aufwärtswindung der Spirale bezeichnet das Erwachen einer weiter ausgearbeiteten Fassung des bereits Existierenden. Diese Menschheitsspirale besteht also aus einer gewundenen Kette von Wertesystemen, Weltsichten und Denkweisen, von denen jede das Produkt ihrer Zeit und ihrer Bedingung ist. (Graves zitiert nach Beck und Cowan 2007, S. 47)

4.4 Zur Qualität und Qualifikation im Management-Coaching..

Zum Schluss dieses Buches seien noch zwei zentrale Kriterien für das Gelingen eines Management-Coaching..-Prozesses zumindest erwähnt, die Qualität im Prozess eines Management-Coachings und die Qualifikation des Management-Coaches für ein Management-Coaching.

4.4 · Zur Qualität und Qualifikation im Management-Coaching..

Die Sicherung der *Qualität* von Management-Coaching-Prozessen ist für jeden seriös agierenden Berater, aber auch für jeden potenziellen Klienten, von elementarer Bedeutung. Gerade angesichts der Tatsache, dass noch kaum Qualifikations- und Ausbildungsstandards für Management-Coaches existieren, gewinnt das Thema der Qualität eines Management-Coaching..-Prozesses eine noch höhere Relevanz. Ein solides Management-Coaching.. bedarf daher eines systematischen Instrumentariums zur Qualitätsentwicklung und -sicherung, das es kontinuierlich zu verbessern gilt. Dieses Instrumentarium sollte mehrdimensional angelegt sein und die Qualitätsdimensionen Strukturqualität, Prozessqualität und Ergebnisqualität berücksichtigen. Eine Berücksichtigung narzisstischer Phänomene in einem Management-Coaching-Prozess ist darauf hin zu beurteilen, inwiefern dies auch zu einer Verbesserung der Qualität des Coachings beiträgt. Diese Verbesserung ist in Hinblick auf ihren Beitrag zur Struktur-, Prozess- und Ergebnisqualität kontinuierlich zu beurteilen (Heß und Roth 2001, S. 141–143).

In den vorangegangenen Ausführungen ist wohl deutlich geworden, dass ein Management-Coaching sehr hohe Anforderungen an die *Qualifikationen* und Kompetenzen des Management-Coaches stellt. Für ein Management-Coaching ist eine umfassende Doppelqualifikation unumgänglich. Die Berücksichtigung narzisstischer Phänomene im Management-Coaching erfordert einerseits vielfältige psychologische, psychosoziale und psychotherapeutische Qualifikationen und Kompetenzen. Loos (1991, S. 194f) spricht davon, dass ein Coach sich als Person möglichst intensiv selbst durchgearbeitet haben sollte. Ein Coach sollte mit seinen eigenen Verwundungen und Verletzungen, seinen eigenen verschütteten Gefühlen von Ohnmacht, Zorn, Verzweiflung, Trauer und Schmerz in Kontakt gekommen sein. Er sollte sich selbst soweit bearbeitet haben, dass seine Gefühle und Handlungsweisen aus der Vergangenheit nicht den Blick für die Gegenwart verstellen. Dieser langsame und anstrengende Lernprozess der Selbstreflexion geschieht für ihn in der Psychotherapie, die sich ein Coach hoffentlich gegönnt hat.

Für ein Management-Coaching.. ist es darüber hinaus erforderlich, dass der Coach seine eigenen narzisstischen Verletzungen, Einstellungen, Werthaltungen und Verhaltensweisen in einem längerfristigen Prozess der Selbstreflexion durchgearbeitet hat. Diese eigenen therapeutischen Erfahrungen müssen als zentrale Qualifikation und Kompetenz für ein Management-Coaching.. angesehen werden. Nur durch die Durcharbeitung eigener narzisstischer Anteile ist die unbedingt notwendige Empathie und das Verständnis für die narzisstischen Erlebens- und Verhaltensweisen beim Klienten zu entwickeln sowie die Gefahr der Übertragung eigener blinder Flecke in den Coaching-Prozess zu reduzieren. Die eigene therapeutische Erfahrung bildet die Grundlage für den Erwerb einer responsiven Haltung gegenüber dem Klienten und für ein Gespür dafür, was dem Klienten fehlt und was er eigentlich braucht, ohne dieses Defizitbedürfnis gleich befriedigen zu müssen.

Andererseits sollte der Management-Coach über ausgeprägte betriebswirtschaftliche Kenntnisse und im besten Falle auch Managementerfahrung verfügen. Dazu zählen insbesondere solide betriebswirtschaftliche Grundkenntnisse in den Gebieten allgemeine Unternehmensführung, Produktion, Absatz, Investition und Finanzierung, Finanz- und Rechnungswesen, Kostenrechnung etc. Wünschenswert wäre eine mehrjährige Berufserfahrung in einem Unternehmen oder in einem wirtschaftsnahen Bereich mit umfassenden Management- und Führungserfahrungen. Dabei spielt die übernommene wirtschaftliche Verantwortung eine entscheidende Rolle. Darüber hinaus sind Kenntnisse über und Erfahrungen mit modernen Managementmodellen von Vorteil. Dazu gehört insbesondere ein Verständnis über den Zusammenhang von Strategie, Struktur und Kultur sowie Erfahrungen mit modernen Führungskonzepten.

Ferner müssen die Qualifikationen und Kompetenzen aus diesen beiden Gebieten zu einer Einheit oder einer „integrierten professionellen Persönlichkeit" zusammengewachsen sein. Für seine Kunden und Klienten sollte einsichtig sein, dass ein Management-Coaching unter besonderer Berücksichtigung narzisstischer Phänomene als Initial einer erfolgreichen Unternehmensentwicklung eine außergewöhnlich umfassende Ausbildung, vielfältige Qualifikationen und ganzheitliche Kompetenzen erfordert und dementsprechend eine hohe Wertigkeit besitzt.

4.5 Zusammenfassung

Ziel des Buches war es, aufzuzeigen, wie wichtig es ist, narzisstische Phänomene in ein Management-Coaching zu berücksichtigen und erfolgreich zu integrieren. Management-Coaching kann wichtige Beiträge zur Persönlichkeitsentwicklung von Managern leisten und wichtige Impulse für eine zukunftsfähige Entwicklung und einen nachhaltigen Wandel von Unternehmen setzen.

Der Autor geht sogar so weit zu behaupten, dass ein konstruktiver Umgang mit narzisstischen Phänomenen ein zentraler Erfolgsfaktor für Manager, ihre Unternehmen und Organisationen ist, um durch klare Realitätswahrnehmung notwendige Innovationen zu schaffen und eine ganzheitliche und nachhaltige Unternehmensentwicklung zu gestalten. Für Führungskräfte und Manager wird ein bewusster Umgang mit narzisstischen Phänomenen – neben seinem Beitrag zur Persönlichkeitsentwicklung – zu einer Schlüsselkompetenz, um authentisch zu leiten, zu steuern und zu kommunizieren sowie Kreativität, Innovation, Selbstorganisation und Flexibilität freizusetzen und zu realisieren.

Vieles spricht dafür, dass es sich bei einem Management-Coaching.. um einen längerfristigen Prozess handeln sollte. Dabei sollte Management-Coaching.. nicht als ein Personalentwicklungsinstrument für besondere Anlässe und Themen verstanden werden, sondern als ein selbstverständliches und dauerhaftes Persönlichkeits- und Unternehmensentwicklungsinstrument für erfolgreiche Führungskräfte in verantwortungsvollen, zukunftsweisenden und gestaltenden Managementpositionen.

Management-Coaching.. sollte selbstverständlicher Bestandteil einer guten Corporate Governance und verpflichtendes Element für jede D&O Versicherung werden.

Serviceteil

Weiterführende Literatur – 102

Literatur – 103

Stichwortverzeichnis – 107

© Springer-Verlag GmbH Deutschland 2018
C. Schneck, *Coaching und Narzissmus*,
DOI 10.1007/978-3-662-53946-0

Weiterführende Literatur

Adorno, T. L. (1967). Sociology and psychology. Part I. New Left Review, 46, 67–80.

Adorno, T. L. (1968). Sociology and psychology. Part II New Left Review, 47, 79–95.

Allebrand, L. (2012). Die Burnout-Lüge: Ganz normaler Wahnsinn. Bergisch-Gladbach (EHP).

Barrett, R. (2006). Building a values-driven organization, Boston (Butterworth-Heinemann).

Berne, E. (2006). Die Transaktions-Analyse in der Psychotherapie: Eine systematische Individual- und Sozialpsychiatrie. Originaltitel (1961): Transactional analysis in psychotherapy: A systematic individual and social psychiatry. Übersetzt von Ulrike Müller. Paderborn (Junfermann) 2006.

Bocian, B. & Staemmler, F.-M. (Hrsg.) (2000).Gestalttherapie und Psychoanalyse. Berührungspunkte - Grenzen - Verknüpfungen. Göttingen (Vandenhoeck & Ruprecht).

Böning, U. (2000). Coaching: Der Siegeszug eines Personalentwicklungs-Instruments. Eine 10-Jahres-Bilanz. In: Rauen, C. (Hrsg.), Handbuch Coaching (2. überarb. u. erw. Aufl., S. 21–43. Göttingen (Hogrefe).

Buchhorn, E., Machatschke, M. & Werle, K. (2009). Reif für die Couch. Manager Magazin, 39,5, 135–144.

Cohn, R. C. (1975). Von der Psychoanalyse zur themenzentrierten Interaktion. Von der Behandlung einzelner zu einer Pädagogik für alle. Stuttgart (Klett-Cotta).

Eidenschink, K. (2004). Mann bin ich gut! – Die Not narzisstischer Manager. wirtschaft + weiterbildung, 11–12, 42–46.

Fehr, T. (2006) „Big Five": Die fünf grundlegenden Dimensionen der Persönlichkeit und ihre dreißig Facetten. In: Simon, W. (Hrsg.), Persönlichkeitsmodelle und Persönlichkeitstests (S. 113–135). Offenbach (Gabal).

Freud, S. (1989, [1]1926). Hemmung, Symptom und Angst. GW 14 Frankfurt a.M. (Fischer).

Freud, S. (1989, [1]1930). Das Unbehagen in der Kultur. GW 14 Frankfurt a.M. (Fischer).

Goleman, D. (2008). Soziale Intelligenz. Wer auf andere zugehen kann, hat mehr vom Leben. München (Knauer).

Gutenberg, E. (1992, [1]1962). Unternehmensführung. Wiesbaden (Gabler).

Hilb, M. (2005). Integrierte Corporate Governance. Ein neues Konzept der Unternehmensführung und Erfolgskontrolle. Berlin (Springer).

Horkheimer, M. & Adorno, T. L. (1944). Dialektik der Aufklärung. Philosophische Fragmente. Frankfurt a.M. (Fischer).

Kernberg, O. F. (1970). Factors in the psychoanalytic treatment of narcissistic personalities. Journal of the American Psychoanalytic Association, 18, 51–85.

Kernberg, O. F. (1974). Further contributions to the treatment of narcissistic personalities. International Journal of Psycho-Analysis, 55, 215–240.

Kohut, H. (1979, [1]1977). Die Heilung des Selbst. Frankfurt a.M. (Suhrkamp).

Lasch, C. (1995). Die blinde Elite. Macht ohne Verantwortung. Hamburg (Hoffmann & Campe).

Leyendekker, H., Ott, K. & Richter, N. (2011). Schön, dass Sie da sind. In: Süddeutsche Zeitung, Nr. 4 vom 7.1. 2011, S. 3.

Lohmer, M. & Giernalczyk, Th. (2006). Freud heute: Das Unbewusste einer Organisation. wirtschaft + weiterbildung, 9, 48–53.

Maaz, H.-J. (2012). Die narzisstische Gesellschaft: Ein Psychogramm. München (Beck).

Miller, A. (1981a). Das Drama des begabten Kindes und die Suche nach dem wahren Selbst. Frankfurt a.M. (Suhrkamp).

Miller, A. (1981b). Prisoners of childhood. New York (Basic Books).

Nagel, G. (2010). Chefs am Limit. 5 Coaching-Wege aus Burnout und Jobkrisen. München (Hanser).

Perls, F. S., Hefferline, F. & Goodman, P. (1981). Gestalt-Therapie. Wiederbelebung des Selbst. 2. Aufl., Stuttgart (Klett-Cotta).

Pichler, M. (2006). Der große Vereinfacher. Martin Pichler über Fredmund Malik. wirtschaft + weiterbildung, 19, 7/8, 17–21.

Schmidt-Lellek, C. J. (2008). Charisma, Macht und Narzissmus. Zur Diagnostik einer ambivalenten Führungseigenschaft. OSC (Organisationsberatung, Supervision, Coaching), Sonderheft 2, 61–75.

Schmidt-Lellek, Ch. J. & Buer, F. (Hrsg.) (2011). Life-Coaching in der Praxis. Wie Coaches umfassend beraten. Göttingen (Vandenhoeck & Ruprecht).

Sutrich, O. & Opp, B. (2007). Was ist anders in einem "Entscheider-Coaching"? profile, 14, 76–87.

Ulrich, H. et al. (Hrsg.) (1984). Grundlegung einer allgemeinen Theorie der Gestaltung, Lenkung und Entwicklung zweckorientierter sozialer Systeme. St. Gallen. Diskussionsbeiträge des Instituts für Betriebswirtschaft Nr. 4.

Väth, M. (2010). Struktureller Burnout ist der blinde Fleck von Unternehmen. ManagerSeminare, 8, 149, 10–11.

Watts, A. (1980). Psychotherapie und östliche Befreiungswege. München (Kösel).

Watzlawick, P., Beavin, J. H. & Jackson, D. (Hrsg.) (1996, [1]1969). Menschliche Kommunikation: Formen, Störungen, Paradoxien. 6. Aufl., Bern, Stuttgart, Wien.

Wirth, H.-J. (2006). Pathologischer Narzissmus und Machtmissbrauch in der Politik. In: Kernberg, O. F. & Hartmann, H.-P. (Hrsg.), Narzissmus. Grundlagen-Störungsbilder-Therapie (S. 158–169). Stuttgart (Schattauer).

Literatur

Albrecht, M. von (2014). Ovids Metamorphosen. Texte, Themen, Illustrationen. Heidelberg (Winter).

Altmeyer, M. (2000). Narzißmus und Objekt. Ein intersubjektives Verständnis der Selbstbezogenheit. Göttingen (Vandenhoeck & Ruprecht).

Altmeyer, M. (2003). Im Spiegel des Anderen. Anwendungen einer relationalen Psychoanalyse. Gießen (Psychosozial Verlag).

Altmeyer, M. (2006). Narzissmus-Theorie und Säuglingsforschung - ein Beitrag zur interdisziplinären Verständigung. In: Kernberg, O. F. & Hartmann, H.-P. (Hrsg.), Narzissmus. Grundlagen-Störungsbilder-Therapie (S. 71–94). Stuttgart (Schattauer).

Altmeyer, M. (2010). Die Wiederentdeckung der Beziehung. Ein Paradigmenwechsel im psychoanalytischen Gegenwartsdiskurs. In: Gestalttherapie, 24, 1, 15–22.

Bachmann, Th. (2012). Coaching-Prozesse. In: Deutsche Bundesverband Coaching (DBVC), Leitlinien und Empfehlungen für die Entwicklung von Coaching als Profession. 4. erw. Aufl., Osnabrück (DBVC).

Bauer, J. (2006). Prinzip Menschlichkeit. Warum wir von Natur aus kooperieren. Hamburg (Hoffmann & Campe).

Babiak, P., Hare, R.D. (2007, [1]2006). Menschenschinder oder Manager. Psychopathen bei der Arbeit. München (Hanser).

Backhausen, W. & Thommen, J.-P. (2004, [1]2003). Coaching. Durch systemisches Denken zu innovativer Personalentwicklung. 2. Aufl., Wiesbaden (Gabler).

Bakan, J. (2005, [1]2004). Das Ende der Konzerne. Die selbstzerstörerische Kraft der Unternehmen. Hamburg (Europa Verlag).

Balser, M., Fromm, T. (2009). Mit Wüstenstrom gegen den Klimawandel. In: Süddeutsche Zeitung, Nr. 135 vom 16.6.2009.

Bassen, A., Jastram, S. & Meyer, K. (2005). Corporate Social Responsibility. Eine Begriffserläuterung. Zeitschrift für Wirtschafts- und Unternehmensethik, 6., 2, S. 231–236.

Beck, D.E., Cowan, C.C. (2011, [1]2007). Spiral Dynamics. Leadership, Werte und Wandel. 3. Aufl., Bielefeld (Kamphausen).

Bierhoff, H.-W. & Herner, M.J. (2009). Narzissmus - die Wiederkehr. Bern (Huber).

Bion, W.R. (1971, [1]1961). Erfahrungen in Gruppen und andere Schriften. Stuttgart (Klett).

Blankertz, S. & Doubrawa, E. (2005). Lexikon der Gestalttherapie. Köln (Hammer).

Bocian, B. (2010). Geschichte und Identität. Teil 2: Ein innovatives therapeutisches Projekt. Gestalttherapie, 24, 1, 35–54.

Bradlee, P. M. & Emmons, R. A. (1992). Locating narcissism within the interpersonal circumplex and the five-factor-model. Personality and Individual Differences, 13, 821–830.

Brands, J. (2012). Der Zusammenhang zwischen Narzissmus und Erfolg im Studium. Master-Arbeit, Köln. Aufgerufen 30. Dezember 2012 unter http://www.hpo-research.org/fileadmin/medien/Abgeschlossene_Projekte/Narzissmus_und_Performance_Masterarbeit_Julian_Brands.pdf.

Buss, D. M. & Chiodo, L. M. (1991). Narcissistic acts in everyday life. Journal of Personality, 59, 179–215.

Cattell, R. B. (1949). The sixteen personality factor questionnaire. Champaign, I.L. (Ed.), Institute for Personality and Ability Testing.

Costa, P.T. & McCrae, R. R. (1985). The NEO personality inventory. Manual. Form S, Form R. & Odessa, FL (Eds.), Psychological Assessment Resources.

Cremerius, J. (1979). Die psychoanalytische Behandlung der Reichen und Mächtigen. In: Cremerius, J., Hoffmann, S. O. & Trimborn, W. (Hrsg.), Psychoanalyse, Über-Ich und soziale Schicht (S. 11–54). München (Kindler).

Dammann, G. (2007). Narzissten, Egomanen, Psychopathen in der Führungsetage. Fallbeispiele und Lösungswege für ein wirksames Management. Bern (Haupt).

Diamond, D. (2006). Narzissmus als klinisches und gesellschaftliches Phänomen. In: Kernberg, O. F. & Hartmann, H.-P. (Hrsg.), Narzissmus. Grundlagen-Störungsbilder-Therapie (S. 171–204). Stuttgart (Schattauer).

Doppler, K., Lauterburg, C. (2008). Change Management. Den Unternehmenswandel gestalten. 12. akt. u. erw. Aufl., Frankfurt a.M. (Campus).

Drath, K. (2012). Coaching und seine Wurzeln. Erfolgreiche Interventionen und ihre Ursprünge. Freiburg (Haufe).

Eidenschink, K. (2003). Das narzisstisch infizierte Unternehmen. Zum problematischen Einfluss von Führungskräften mit narzisstischen Persönlichkeitsmerkmalen auf Organisationen. Organisationsentwicklung, 22, 1, 4–15.

Eidenschink, K. (2005a). Was narzisstische Manager bewirken können. wirtschaft + weiterbildung, 1, 38–40.

Eidenschink, K. (2005b). Coaching von narzisstischen Führungskräften. wirtschaft + weiterbildung, 2, 46–49.

Eidenschink, K. (2016). Veränderung verstehen. Skizze einer Metatheorie der Psychodynamik. Coaching Magazin, 3, 20–25.

Eidenschink, K. & Horn-Heine, K. (2005). Vorsicht vor falschen Ratgebern. Havard Business Manager, 4, 37–43.

Ekardt, F. (2005). Das Prinzip Nachhaltigkeit. Generationengerechtigkeit und globale Gerechtigkeit. München (Beck).

Epe, C., Fischer-Epe, M. & Reissmann, M. (2011). Was bedeutet „systemisch" im Coaching. wirtschaft + weiterbildung, 3, 34–39.

Europäische Kommission (2001). Europäische Rahmenbedingungen für die soziale Verantwortung der Unternehmen. Grünbuch, Luxemburg: Amt für amtliche Veröffentlichungen der Europäischen Gemeinschaften, COM 336 final, Brüssel.

Fiedler, P. (2007). Persönlichkeitsstörungen(6. Auflage). Basel (Beltz).

Freud, s. (1989, ¹1931). Über libidinöse Typen. GW 14. Frankfurt a.M. (Fischer).

Gabbard, G. O. (2006). Übertragung und Gegenübertragung in der Behandlung von Patienten mit Narzisstischer Persönlichkeitsstörung. In: Kernberg, O. F. & Hartmann, H.-P. (Hrsg.), Narzissmus. Grundlagen-Störungsbilder-Therapie (S. 693–704). Stuttgart (Schattauer).

Gabriel, Y. (2009). Das Unbehagen in Organisationen - Zu einer Theorie organisatorischen Miasmas. In: Sievers, B. (2009) (Hrsg.), Psychodynamik von Organisationen. Freie Assoziationen zu unbewussten Prozessen in Organisationen (S. 13–46). Gießen (Psychosozial-Verlag).

Gerstner, W.-C. (2011). Der Einfluss narzisstischer CEOs auf das Adaptionsverhalten etablierter Unternehmen. Berlin (Pro Business).

Giernalczyk, T. & Lohmer, M. (2012) (Hrsg.), Das Unbewusste im Unternehmen. Psychodynamik von Führung, Beratung und Change Management. Stuttgart (Schäffer-Poeschel).

Glasl, F. & Lievegoed, B. (2016). Dynamische Unternehmensentwicklung, Grundlagen für nachhaltiges Change Management. 4. Aufl., Bern (Hauptverlag).

Greif, S. (2008). Coaching und ergebnisorientierte Selbstreflexion. Theorie, Forschung und Praxis des Einzel- und Gruppencoachings. Göttingen (Hogrefe).

Greiner, L. E. (1994). Evolution and revolution as organizations grow. In: Mainiero, L., & Tromley, C. (Eds.), Developing managerial skills in organizational behavior: Exercises, cases, and readings. Englewood Cliffs, NJ (Prentice Hall) Erstveröff. (1972). Harvard Business Review, 7/8, 37–46).

Haller, R. (2016). Regeln im Umgang mit Narzissten. Die Mediation, 2, 34–35.

Hare, R.D. (2005). Gewissenlos. Die Psychopathen unter uns. Wien, New York (Springer).

Hartmann, H.-P. (2006). Narzisstische Persönlichkeitsstörungen – ein Überblick. In: Kernberg, O. F. & Hartmann, H.-P. (Hrsg.), Narzissmus. Grundlagen-Störungsbilder-Therapie (S. 3–6). Stuttgart (Schattauer).

Hartmann-Kottek, L. (2012, ¹2004). Gestalttherapie. 3. Aufl., Berlin (Springer).

Hausammann, F. (2007). Personal Governance als unverzichtbarer Teil der Corporate Governance und Unternehmensführung. Bern (Haupt).

Hausammann, F. (2009). Wege aus der Krise. INSight, 5, 12–13.

Heß, T. & Roth, W. L. (2001). Professionelles Coaching. Eine Expertenbefragung zur Qualitätseinschätzung und -entwicklung. Heidelberg (Asanger).

Hirschhorn, L. (2000). Das primäre Risiko. In: Lohmer, M. (Hrsg.) (2000). Psychodynamische Organisationsberatung. Konflikte und Potentiale im Veränderungsprozess (S. 98–118). Stuttgart (Klett).

Horney, K. (1937). The neurotic personality of our time. New York (W.W. Norton & Co.).

Jäger, W. & Kohtes, P. J. (Hrsg.) (2009). zen@work. Manager und Meditation. Bielefeld (Kamphausen).

Janssen, A. (2013). Handbuch Management Coaching. Konsequent systemisch-konstruktiv in Theorie und Praxis. Haiger (Werdewelt).

Johnson S. (1988). Der narzisstische Persönlichkeitsstil. Köln (EHP).

Judge, T. A., Le Pine, J., & Rich, B. L. (2006). Loving yourself abundantly: Relationship of the narcissistic personality to self and other perceptions of workplace deviance, leadership, and task and contextual performance. Journal of Applied Psychology, 91, 1–53.

Jung, C.G. (1921). Psychologische Typen. Zürich (Rascher).

Kernberg, O. F. (2000, ¹1998). Ideologie, Konflikt und Führung. Psychoanalyse von Gruppenprozessen und Persönlichkeitsstruktur. Stuttgart (Klett-Cotta).

Kernberg, O.F. (Hrsg.) (2006a) Narzisstische Persönlichkeitsstörung. Stuttgart (Schattauer).

Kernberg O. F. (2006b). Eine ich-psychologische Objektbeziehungstheorie der Struktur und Behandlung des pathologischen Narzißmus - ein Überblick. In: Kernberg, O.F. (Hrsg.), Narzißtische Persönlichkeitsstörung (S. 248–254). Stuttgart (Schattauer).

Kernberg, O. F. & Hartmann, H.-P. (Hrsg.) (2006). Narzissmus. Stuttgart (Schattauer).

Kets de Vries, M.F.R. (1992, ¹1989). Cheftypen. Zwischen Charisma, Chaos, Erfolg und Versagen. München (Mosaik).

Kets de Vries, M.F.R. (2001). Das Geheimnis erfolgreicher Manager. Führen mit Charisma und emotionaler Intelligenz. München (Financial Times Prentice Hall).

Kets de Vries, M.F.R. (2004, ¹1993). Führer, Narren und Hochstapler. Die Psychologie der Führung. 2. aktualisierte Aufl., Stuttgart (Klett-Cotta).

Kets de Vries, M.F.R. & Miller, D. (1985). Narcissism and Leadership: An Object relations Perspective. Human Relations, 38, 6, 583–601.

Kets de Vries, M.F.R. & Miller, D. (1995). Narzißmus und Führung. In: Kieser, A. (1995) (Hrsg.), Handwörterbuch der Führung (2. neugestalt. Aufl., S. 1609–1622. Stuttgart (Schäffer-Poeschel).

König, E. & Volmer, G. (2003). Systemisches Coaching. Handbuch für Führungskräfte, Berater und Trainer. Weinheim, Basel (Beltz).

Königswieser, R. & Exner, A. (1998). Systemische Intervention. Architekturen und Designs für Berater und Veränderungsmanager. 3. Aufl., Stuttgart (Klett-Cotta).

Königswieser, R., Sonuc, E., Gebhardt, J. & Hillebrand, M. (2006). Komplementärberatung. Das Zusammenspiel von Fach- und Prozeß-Know-how. Stuttgart (Klett-Cotta).

Krainz, E. E. (1998). Der Narzissmus der Mächtigen - Zur Psychologie exponierter Positionen. In: Krainz, E.E. & Groß, H. (Hrsg.), Eitelkeit im Management. Kosten und Chancen eines verdeckten Phänomens (S. 167–206). Wiesbaden (Gabler).

Laloux, F. (2015). Reinventing Organizations. Ein Leitfaden zur Gestaltung sinnstiftender Formen der Zusammenarbeit. München (Vahlen).

Literatur

Lasch, C. (1995, ¹1979). Das Zeitalter des Narzissmus. Hamburg (Hoffmann und Campe).

Laszlo, E. (2009). Weltwende 2012. Wie eine grüne Wirtschaft, neue Politik und ein höheres Bewusstsein zusammen wirken. Berlin, München (Scorpio).

Lenz, U. (2016). Brücke zwischen Person und Organisation im Change begleitenden Coaching. Coaching Magazin, 4, 20–24

Linder-Hofmann, B. & Zink, M. (2003). Die Innere Form im Management. In: Radatz, S. (Hrsg.), Evolutionäres Management. Antworten auf die Management- und Führungsherausforderungen im 21. Jahrhundert (S. 202–215). Wien (Systemisches Management).

Lohmer, M. (2000). Das Unbewußte im Unternehmen: Konzepte und Praxis psychodynamischer Organisationsberatung. In: Lohmer, M. (Hrsg.), Psychodynamische Organisationsberatung. Konflikte und Potentiale im Veränderungsprozess (S. 18–39). Stuttgart (Klett).

Lohmer, M. (2007). Der Psychoanalytische Ansatz in Coaching und Organisationsberatung. In: Psychotherapie im Dialog (PiD), 7,3, 229–233.

Lohmer, M. & Wernz, C. (2000). Zwischen Veränderungsdruck und Homöostaseneigung: Die narzißtische Balance in therapeutischen Institutionen. In: Lohmer, M. (Hrsg.), Psychodynamische Organisationsberatung. Konflikte und Potentiale im Veränderungsprozess (S. 233–254). Stuttgart (Klett).

Lohmer, M. et. al. (2012). Gesundes Führen. Life-Balance versus Burnout im Unternehmen. Stuttgart (Schattauer).

Looss, W. (1991). Coaching für Manager: Konfliktbearbeitung unter vier Augen. Landsberg a.L. (Moderne Industrie).

Maaz, H.-J. (2012). Die narzisstische Gesellschaft. Ein Psychogramm. München (Beck).

Maccoby, M. (2000). Narcissistic leaders: The incredible pros, the inevitable cons. Harvard Business Review, 78, 1/2, 69–77.

Maccoby, M. (2001a). The New Boss. Research Technology Management, 44, 1, 59–61.

Maccoby, M. (2001b). Successful leaders employ strategic intelligence. Research Technology Management, 44, 1, 58–60.

Malik, F. (2008). Unternehmenspolitik und Corporate Governance. Wie Organisationen sich selbst organisieren. Frankfurt a.M. (Campus).

Malkin, C. (2016, ¹2015). Der Narzissten-Test. DuMont, Köln 2016. Amerikanische Originalausgabe 2015 bei HarperCollins, New York.

Meifert, M.T. (Hrsg.) (2012). Management Coaching. Wie Unternehmen Führungskräfte zum Erfolg führen können. Freiburg (Haufe).

Mertens, W. (2005, ¹1981). Psychoanalyse. Grundlagen, Behandlungstechnik und angewandte Psychoanalyse. 6. Aufl., Stuttgart (Kohlhammer).

Mertens, W. & Lang, H.-J. (1991). Die Seele im Unternehmen. Psychoanalytische Aspekte von Führung und Organisation im Unternehmen. Berlin (Springer).

Migge, B. (2005). Handbuch Coaching und Beratung. Wirkungsvolle Modelle, kommentierte Falldarstellungen, zahlreiche Übungen. Weinheim (Beltz).

Monks, R. (1998). The emperor´s nightingale: restoring the integrity of the corporation in the age of shareholder activism. Reading Mass. (Addison-Wesley).

Morf, C. C. & Rhodewalt, F. (2006). Die Paradoxa des Narzissmus – ein dynamisches selbstregulatorisches Prozessmodell. In: Kernberg, O. F. & Hartmann, H.-P. (Hrsg.), Narzissmus. Grundlagen-Störungsbilder-Therapie (S. 308–347). Stuttgart (Schattauer).

Müller-Ebert, J., Josewski, M., Dreitzel, P. & Müller, B. (1988). Narzissmus. Teil III: Zur Theorie der Diagnostik Narzisstischer Erlebnis- und Verhaltensstrukturen. Gestalttherapie, 2, 2, 27–58.

Nagel, C. (2007). Psychodynamisches Change Management - Theorie und Praxis. In: Keuper, F., Groten, H. (2007) (Hrsg.), Nachhaltiges Change Management (S. 275–293). Wiesbaden (Gabler). S. 275–293.

Nunberg, H. & Federn, E. (1977). Protokolle der Wiener Psychoanalytischen Vereinigung. Bd. II, Frankfurt (Fischer).

Olesen, B. (2016). Der Mensch hinter der Maske. Vom Umgang mit narzisstischen Klienten in Coaching und Beratung. Paderborn (Junfermann).

Ostendorf, F. (1990). Sprache und Persönlichkeitsstruktur. Zur Validität des Fünf-Faktoren-Modells der Persönlichkeit. Regensburg (Rodere).

Ostendorf, F. & Angleitner, A. (1992). On the generality and comprehensiveness of the five-factor model of personality. Evidence for five robust factors in questionnaire data. In: G. V. Caprara & G. van Heck (Eds.), modern personality psychology: Critical reviews and new directions (pp. 73–109). New York (Harvester Wheatsheaf).

Perls, F. S. (1976). Grundlagen der Gestalt-Therapie. Einführung und Sitzungsprotokolle. Verlag J.Pfeiffer, München.

Perls, L. (1978). Begriffe und Fehlbegriffe in der Gestalttherapie. Integrative Therapie 4, 3–4, 2008–2014.

Perls, F. S. (1979, ¹1974). Gestalt-Therapie in Aktion. 3. Aufl., Stuttgart (Klett-Cotta).

Perls, F. S. (1981). Gestalt-Wahrnehmung. Verworfenes und Wiedergefundenes aus meiner Mülltonne. Frankfurt (Verlag für humanistische Psychologie).

Perls, F. S., Hefferline, R. F., Goodman, P. (1981, ¹1979). Gestalt-Therapie. Lebensfreude und Persönlichkeitsentfaltung. 2. Aufl., Stuttgart (Klett-Cotta).

Petermann, F. (1988). Zur Dynamik narzisstischer Beziehungsstruktur. Gestalttherapie, 2, 1, 31–41.

Petzold, H. G. (2003, ¹1993). Integrative Therapie: Modell und Methoden für eine schulenübergreifende Psychotherapie. 2. Aufl., Paderborn (Junfermann).

Phillip, A. (2010). Die Kunst ganzheitlichen Führens. Ein Praxishandbuch für den Leader-Alltag. Wien (LiteraturVSM).

Porter, M.E. (1980). Competitive Strategy: Techniques for analyzing industries and competitors. New York (Free Press).

Portmann, A. (1956). Zoologie und das neue Bild des Menschen. Reinbek (Rowohlt).

Radatz, S. (2003). Evolutionäres Denken: Der Paradigmenwechsel in Management und Führung. In: Radatz, S. (Hrsg.), Evolutionäres Management. Antworten auf die Management- und Führungsherausforderungen im 21. Jahrhundert (S. 16–34). Wien (Systemisches Management).

Rahm, D. (1986, ¹1979). Gestalt Beratung. Grundlagen und Praxis integrativer Beratungsarbeit. 4. überarb. Aufl., Paderborn (Junfermann).

Rauen, C. (Hrsg.) (2002, ¹2000). Handbuch Coaching. 2. überarb. u. erw. Aufl., Göttingen (Hogrefe).

Renger, A.-B. (2002). Vorwort zu Narzissus - Selbsterkenntnis und Liebe als Passion. Gedankengänge zu einem Mythos. In: Renger, A.-B. (Hrsg.), Narzissus. Ein Mythos von der Antike bis zum Cyberspace (S. 1–11). Stuttgart (Metzler).

Röhr, H. P. (2010, ¹2005). Narzißmus – Das innere Gefängnis. 9. Aufl., Dtv, München.

Rosenthal, S. A. (2006). Narcissism and leadership. A review and research agenda. Havard University, John F. Kennedy School of Government, Center for Public Leadership, Unpublished Working Paper. Retrieved December 28, 2009 from http://www.ksg.harvard.edu/leadership/research/publications/papers/2006/4_narcissim.pdf.

Roundtable der Coachingverbände (2013). Profession: Coach. Ein Commitment des Roundtable der Coachingverbände. Aufgerufen 28. Dezember 2015 unter www.roundtable-coaching.eu/wp-content/uploads/2015/03/RTC-Profession-Coach-2015-03-19-Positionspapier.pdf.

Ruch, M. & Zimbardo, P.G. (1974). Lehrbuch der Psychologie. Eine Einführung für Studenten der Psychologie, Medizin und Pädagogik. Berlin (Springer).

Rüegg-Stürm, J. (2004). Das neue St. Galler Management-Modell. In: Dubs, R. (2004) (Hrsg.), Einführung in die Managementlehre (S. 65–141). Bern (Haupt).

Scharmer, C. O. (2011, ¹2007). Theorie U. Von der Zukunft her führen. 2. Aufl., Heidelberg (Auer).

Schein, E. H. (1995). Unternehmenskultur. Ein Handbuch für Führungskräfte. Frankfurt (Campus).

Schein, E. H. (2003). Prozessberatung für die Organisation der Zukunft. Der Aufbau einer helfenden Beziehung. Bergisch-Gladbach (EHP).

Schein, E. (2011). Lernen, den Wandel klug zu gestalten. Ein Interview mit Edgar Schein. Organisationsentwicklung, 30, 1, 31–33.

Schneck, C. (1989). Partizipation und Widerstand. Ein Phänomen in Organisationen aus gestalttherapeutischer Perspektive. Gestalttherapie, 3, 1, 58–70.

Schneck, C. (2012a). Narzisstische Phänomene und Management. Coaching als Initial einer erfolgreichen Unternehmensevolution. Hamburg (Dr. Kovač).

Schneck, C. (2012b). Management-Coaching unter besonderer Berücksichtigung narzisstischer Phänomene – Teil I. profile, 23, 40–57.

Schneck, C. (2013). Management-Coaching X.0. Initial einer erfolgreichen Unternehmensevolution. Bergisch-Gladbach (EHP).

Schreyögg, A. (2015). Die potentielle Rollenvielfalt des Coachs. In: Schreyögg, A. & Schmidt-Lellek, C. (Hrsg.) (2015). Die Professionalisierung von Coaching (S. 245–256). Wiesbaden (Springer).

Schütz, A., Marcus, B., Sellin, I. (2004). Die Messung von Narzissmus als Persönlichkeitskonstrukt: Psychometrische Eigenschaften einer Land-und einer Kurzform des Deutschen NPI. Diagnostica, 50, 202–218.

Staemmler, F.-M. & Bock, W. (2007, ¹1991). Ganzheitliche Veränderung in der Gestalttherapie. 4. Aufl., Köln (GIKPress).

Staehle, W. H. (1999). Management. 8. Aufl., München (Vahlen).

Strikker, H. & Strikker, F. (2009). Komplementär-Coaching: Herausforderungen an Coaching im Change und in der Krise. In: Birgmeier, B. (Hrsg.), Coachingwissen. Denn sie wissen nicht was sie tun? (S. 337–354). Wiesbaden (VS).

Sutrich, O. (2003). Neuland für junge Berater am Horizont!? Oder: Wem und wozu nützt die Grenzziehung zwischen Expertenberatung und Prozessberatung noch? profile, 25, 53–65.

Sutrich, O. & Schindlbeck, U. (2005). Es gibt viel zu tun - wer packt mit an? Nachhaltige Beratung als Verbindung von Fach- und Prozessexpertise im Beratungsprozess. In: Fatzer, G. (Hrsg.), Gute Beratung von Organisationen. Auf dem Weg zu einer Beratungswissenschaft (S. 269–302). Bergisch-Gladbach (EHP).

Wardetzki, B. (2007). Weiblicher Narzissmus. Der Hunger nach Anerkennung. München (Kösel).

Wardetzki, B. (2010). Eitle Liebe. Wie narzisstische Beziehungen scheitern oder gelingen können. München (Kösel).

Willi, J. T. (1975). Die Zweierbeziehung. Spannungsursachen, Störungsmuster, Klärungsprozesse, Lösungsmodelle. Reinbeck b. Hamburg (Rowohlt).

Wirth, H.-J. (2002). Narzissmus und Macht: Zur Psychoanalyse seelischer Störungen in der Politik. Gießen (Psychosozial-Verlag).

Whitmore, J. (1997, ¹1994). Coaching für die Praxis. Eine klare, prägnante und praktische Anleitung für Manager, Trainer, Eltern und Gruppenleiter. 2. Auflage, München (Heyne).

Wöhe, G. (1978). Einführung in die Allgemeine Betriebswirtschaftslehre. 13. überarbeitet Aufl., München (Vahlen).

Zohar, D. & Marshall, I. (2009). IQ? EQ? SQ! Spirituelle Intelligenz - das unentdeckte Potential. Bielefeld (J.Kamphausen, inspire!) 2009.

Stichwortverzeichnis

C

Coaching 3
Corporate Governance 75
Corporate Narcissism 52
Corporate Social Responsibility 77

D

D&O Versicherungen 75

G

Gestaltung von Beziehungen 16

M

Management 2
Management-Coaching 2
- Anlässe 8, 74
- Arten 74
- Auftraggeber 8
- Formen 74
- Grundmodell 6
- Prozess 78
- Prozess- und Fachberatung 69
- Prozessschritt 83
- Qualifikation 99
- Qualität 99
- theoretische Hintergründe 7, 62
- unter Berücksichtigung narzisstischer Phänomene 60
- vertikale Dimension 79
- Ziele 8

N

Narzissmus 12
- Behandlung 25
- Beziehungen 16
- Big Five 41
- Charakterhaltungen 21
- Der Mythos des Narziss 12
- Entwicklungstheorien 24
- Führung 43
- Gefühle 15
- gesellschaftliches Phänomen 29
- gesund 21
- narzisstische Verhaltensweisen im Management 34
- pathologisch 21
- Phänomenologie 14
- regressive Prozesse in Arbeitsgruppen 45
- Spektrum 21, 34
- Verhalten 15
narzisstisch infizierte Unternehmen 51

P

Prozessschritte (im Management-Coaching)
- Abschluss 96
- Begleitung 91
- Kontakt/Kontrakt 83
- Situationsanalyse 85
Psychopathen im Management 40
psychopathische Organisation 53

T

theoretische Hintergründe (eines Management-Coachings)
- Betriebswirtschafts- und Managementlehre 66
- Prozess- und Fachberatung 69
- Psychoanalyse und Psychodynamik 62
- systemisch-konstruktivistische Perspektive 72

V

VUCA 60

Ihr Bonus als Käufer dieses Buches

Als Käufer dieses Buches können Sie kostenlos das eBook zum Buch nutzen. Sie können es dauerhaft in Ihrem persönlichen, digitalen Bücherregal auf **springer.com** speichern oder auf Ihren PC/Tablet/eReader downloaden.

Gehen Sie bitte wie folgt vor:
1. Gehen Sie zu **springer.com/shop** und suchen Sie das vorliegende Buch (am schnellsten über die Eingabe der eISBN).
2. Legen Sie es in den Warenkorb und klicken Sie dann auf: **zum Einkaufswagen/zur Kasse.**
3. Geben Sie den untenstehenden Coupon ein. In der Bestellübersicht wird damit das eBook mit 0 Euro ausgewiesen, ist also kostenlos für Sie.
4. Gehen Sie weiter **zur Kasse** und schließen den Vorgang ab.
5. Sie können das eBook nun downloaden und auf einem Gerät Ihrer Wahl lesen. Das eBook bleibt dauerhaft in Ihrem digitalen Bücherregal gespeichert.

EBOOK INSIDE

eISBN
Ihr persönlicher Coupon

Sollte der Coupon fehlen oder nicht funktionieren, senden Sie uns bitte eine E-Mail mit dem Betreff: **eBook inside** an **customerservice@springer.com**.

978-3-662-53946-0
84zF6j9t2K8CRWW